Campanha Permanente

Confira as publicações da Coleção FGV de Bolso no fim deste volume.

FGV de Bolso 17
Série Entenda o Mundo

Campanha Permanente:
O Brasil e a reforma do Conselho de Segurança da ONU

João Augusto Costa Vargas

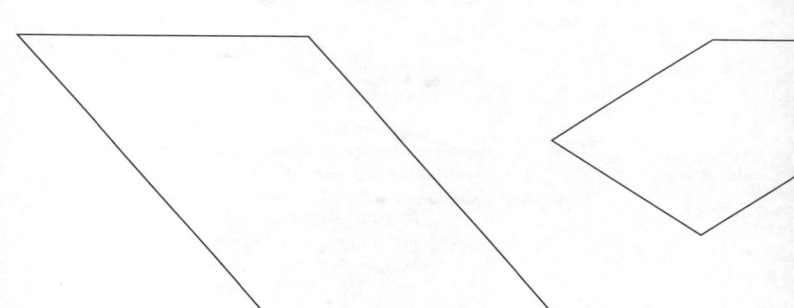

Copyright © João Augusto Costa Vargas

1ª edição — 2010

Impresso no Brasil | Printed in Brazil

Todos os direitos reservados à EDITORA FGV. A reprodução não autorizada desta publicação, no todo ou em parte, constitui violação do copyright (Lei nº 9.610/98).

Os conceitos emitidos neste livro são de inteira responsabilidade da autora.

Este livro foi editado segundo as normas do Acordo Ortográfico da Língua Portuguesa, aprovado pelo Decreto Legislativo nº 54, de 18 de abril de 1995, e promulgado pelo Decreto nº 6.583, de 29 de setembro de 2008.

COORDENADORES DA COLEÇÃO: Marieta de Moraes Ferreira e Renato Franco
PREPARAÇÃO DE ORIGINAIS: Luiz Alberto Monjardim
REVISÃO: Aleidis de Beltran, Fatima Caroni
DIAGRAMAÇÃO, PROJETO GRÁFICO E CAPA: dudesign

**Ficha catalográfica elaborada
pela Biblioteca Mario Henrique Simonsen/FGV**

Vargas, João Augusto Costa
 Campanha permanente : o Brasil e a reforma do Conselho de Segurança da ONU / João Augusto Costa Vargas. - Rio de Janeiro : Editora FGV, 2011.
 132 p. – (Coleção FGV de bolso. Série Entenda o mundo)

 Originalmente apresentada como dissertação do autor (mestrado – Universidade de Brasília, 2008) com o título: Campanha permanente: a construção do substrato normativo da busca do Brasil por uma reforma do Conselho de Segurança das Nações Unidas.

 Inclui bibliografia.
 ISBN: 978-85-225-0853-2

 1. Nações Unidas. Conselho de Segurança. 2. Segurança internacional. 3. Relações internacionais. 4. Brasil – Relações exteriores. I. Fundação Getulio Vargas. II. Título. III. Série.

CDD — 341.11302

Editora FGV
Rua Jornalista Orlando Dantas, 37
22231-010 | Rio de Janeiro, RJ | Brasil
Tels.: 0800-021-7777 | 21-3799-4427
Fax: 21-3799-4430
editora@fgv.br | pedidoseditora@fgv.br
www.fgv.br/editora

Dedicado à minha mãe,
que me fez gostar de palavras;
e ao meu pai,
com quem converso sobre política externa no café da manhã.

Sumário

Introdução   11

Capítulo 1
O Conselho de Segurança e a ordem internacional   17

Organização internacional de 1812 a 1945   19
O desenho institucional do Conselho de Segurança   32
O Conselho de Segurança e a Guerra Fria   37
Gerenciando a "nova ordem mundial"   42
Os desafios do século XXI   45

Capítulo 2
Uma breve história da reforma do Conselho de Segurança   53

A ampliação do Conselho de Segurança durante a Guerra Fria   56
A substituição das Chinas no Conselho de Segurança   60
A dissolução da União Soviética e o ingresso da Rússia
   no Conselho de Segurança   63
As tentativas de reformar a composição do Conselho após
   a Guerra Fria   66
A reforma do Conselho de Segurança no século XXI   71

Capítulo 3
**A posição do Brasil sobre a reforma
do Conselho de Segurança**   **85**

A eficácia pela representatividade – o argumento
  legitimador geral   89
A influência nos rumos da ordem – o argumento
  legitimador doméstico   97
Sustentáculos da candidatura – o argumento credencial   100
Nação em prol do continente – o argumento regional   105
A política externa brasileira e a compreensão da ordem
  internacional   109

Conclusão   **119**

Notas   **125**

[Pedro Leão] Velloso disse-me hoje que o governo obviamente prefere e considera que tem o direito a um assento permanente no Conselho de Segurança, mas, que se isso não for possível, o Brasil deveria receber um dos primeiros assentos não permanentes. Acredito que o Brasil se satisfaria com este último.

Donnelly, encarregado de Negócios dos Estados Unidos no Brasil, em telegrama de 27 de dezembro de 1944 ao secretário de Estado

Introdução

O pleito do Brasil por um assento permanente no Conselho de Segurança das Nações Unidas tem sido um dos aspectos mais debatidos da política exterior brasileira nos últimos anos, não só na academia, como também na imprensa e nos meios políticos. Todavia, apesar do interesse pelo tópico, são poucas, ainda, as análises acerca dessa questão. Há estudos que comparam o pleito por um assento permanente no Conselho de Segurança com a campanha brasileira por um assento permanente no Conselho da Liga das Nações, que levou à saída do Brasil da Liga em 1926.[1] Todavia, tais comparações, embora possam suscitar revelações interessantes, não explicam o anseio do Brasil, a partir de fins da década de 1980, de ver o Conselho de Segurança reformado.

Nos 60 anos que separam esses dois momentos – e nos 80 anos que separam o episódio da Liga dos atuais esforços do Brasil para assegurar um assento permanente – houve muitas transformações. Os objetivos da política externa brasileira, o modo de sua formulação e o perfil de seus executores mudaram muito. A evolução do multilateralismo tem feito do Conselho de Segurança um órgão qualitativamente diferente do Conselho da Liga no que diz respeito a seu papel na organização do sistema internacional.

Por que, então, resolveu o Brasil empreender tantos esforços para conseguir um assento permanente no Conselho de Segurança? Responder simplesmente "prestígio" é evadir a questão. Argumentar que a campanha brasileira é motivada apenas por um desejo de prestígio exige explicar uma série de coisas: prestígio para quê? De quem? Junto a quem? Prestígio – assim como poder – não é autoexplicativo. Ademais, após duas décadas, cinco presidentes e vários chanceleres, o Brasil ainda não obteve o assento permanente – mas continua tentando. Se o objetivo da campanha fosse demonstrar ao povo brasileiro ou ao resto do mundo que o Brasil "pode" entrar no Conselho, já se deveria ter percebido que isso não está funcionando. Com tantas formas de angariar prestígio nas relações internacionais, a opção brasileira por uma avenida onde uma vitória demanda tamanho esforço é mais um problema a ser explicado. A alternativa é uma explicação que não se baseie exclusivamente na noção de prestígio.

Este livro sustenta que as origens do pleito brasileiro são mais profundas e mais antigas. Postula que a campanha brasileira por um assento permanente no Conselho de Segurança das Nações Unidas não é uma busca obstinada de prestígio, podendo ser melhor compreendida como uma tentativa de lograr um papel institucional mais forte e formal no gerenciamento da ordem internacional. Querer ter mais voz no gerenciamento da ordem não significa ter uma visão acabada de como essa ordem será. De fato, a percepção da diplomacia brasileira a respeito do que seria um ordenamento internacional ideal em áreas como comércio, meio ambiente e desarmamento tem variado significativamente ao longo do tempo. O que tem permanecido constante é o desejo de dar ao Brasil maior participação no desenhar dessas regras, de modo a não permitir que elas sejam elaboradas à nossa revelia e contra nossos interesses.

Esse objetivo tem estado presente na política externa brasileira, em maior ou menor grau, desde o começo dos anos 1960. A cultura institucional do Itamaraty fez com que a importância atribuída por diplomatas daquela geração ao engajamento na organização do sistema internacional fosse absorvida por gerações seguintes, que passaram a entender que interessa ao Brasil ter um assento permanente no Conselho de Segurança.

Não se pretende, neste trabalho, defender a posição do governo brasileiro acerca da reforma do Conselho de Segurança. Interessa aqui demonstrar que a campanha do Brasil não surgiu espontaneamente no governo Sarney, nem era inevitável: é resultado do processo histórico de formação da política externa brasileira.

Tampouco se argumenta que esse aspecto da política externa brasileira foi obra de um único diplomata. A evolução do pensamento diplomático brasileiro é um processo extremamente complexo, e figuras como, por exemplo, João Augusto de Araújo Castro, Antônio Francisco Azeredo da Silveira, Paulo Nogueira Batista, Celso Lafer, Gelson Fonseca e Celso Amorim tiveram, também, papéis de destaque em confirmar essa importância. Não se propõe, ainda, que o conceito de pensamento diplomático seja capaz de explicar, por si só, a política exterior do Brasil. Esse pensamento é um elemento importante na formulação da política exterior, mas é apenas um fator entre muitos outros, como constrangimentos econômicos, pressões políticas internas ou a estrutura de poder internacional. Todos esses elementos são importantes, e sua influência irá variar conforme o assunto sob análise e o período histórico em questão: não há fórmula que calcule o peso exato de cada um na política externa. Assim, este trabalho não faz juízo acerca da importância do pensamento diplomático em relação a outros condicionantes e determinantes da política externa. Busca apenas demonstrar que aqueles que investigam os ímpetos animadores da política exterior brasileira não devem ignorar o papel desempenhado pelo pensamento diplomático na construção dessa política.

O livro está dividido em três capítulos. No primeiro, enfatiza-se que organizar o sistema internacional – estabelecer regras para definir os atores que dele participam e como devem eles se portar – é criá-lo. Não existe um sistema internacional "desorganizado", de modo que a realidade internacional é fundamentalmente constituída por regras. O capítulo passa, então, a examinar o papel que o Conselho de Segurança tem desempenhado nesse processo de organização internacional desde 1945 e sua crescente importância após o fim da Guerra Fria.

O segundo capítulo dedica-se a relatar as tentativas de reformar a composição do Conselho de Segurança desde sua constituição e focaliza quatro momentos: a substituição da República da China pela República Popular da China como membro permanente; a criação de novos assentos não permanentes na década de 1960; a sucessão da União Soviética pela Federação Russa; e as tentativas de reformar a composição a partir do fim dos anos 1980. Em todos esses casos, aqueles que apoiaram e aqueles que resistiram às reformas fizeram-no, em boa parte, por terem consciência da centralidade do Conselho no ordenamento do sistema internacional.

Finalmente, o terceiro capítulo examina brevemente a posição brasileira com relação à reforma do Conselho e destaca alguns argumentos centrais dos quais o Brasil se tem valido ao longo dos últimos 20 anos. Sublinha que, a despeito de variações de ênfase e tática, a posição brasileira tem-se mantido em larga medida consistente desde o governo Sarney até o governo Lula. Avança a hipótese de que entre os principais fatores por trás da campanha do Brasil por um assento permanente estão o pensamento diplomático brasileiro e suas reflexões acerca da desigualdade do poder e da ordem internacional.

Antes, contudo, de dar início ao texto propriamente dito, cabem alguns agradecimentos. Este livro e a dissertação que deu origem a ele não poderiam ter sido escritos sem o apoio de um sem-número de pessoas, a quem devo agradecimentos.

Em primeiro lugar, à minha família. Sem o seu carinho constante e a sua disposição de apoiar inquestionavelmente todas as minhas decisões, não só teria sido impossível escrever este texto, como talvez nem tivesse embarcado nesse peculiar e maravilhoso caminho de vida das relações internacionais e da diplomacia. Foi minha família que me ensinou a me apaixonar por tudo que faço e por todos que me rodeiam. Rodeado por pessoas como eles, fica fácil.

Muitos outros me ajudaram e apoiaram no meu caminho, e não há espaço para mencionar todos aqui. Restrinjo-me a alguns poucos: meu orientador, o professor Antônio Carlos Lessa; minha assistente de pesquisa, Bárbara Lima; Antônio Jorge Ramalho da Rocha; Carlos Augusto Resende; Clara Sólon; Cristina Yumie; Dani Nedal; Dora Sobreira Lopes; Gilda

Santos Neves; Glivânia de Oliveira; Júlia Camargo; Larissa Calza; Léo Abrantes; Luiz Feldman; Marina Guedes; Matias Spektor; Maurício Candeloro; Pio Penna Filho; e tantos, tantos outros.

Desnecessário dizer que eventuais equívocos, omissões e imprecisões são de minha inteira responsabilidade, e que as ideias aqui apresentadas não representam necessariamente a posição do Ministério das Relações Exteriores ou do governo brasileiro.

Capítulo 1

O Conselho de Segurança e a ordem internacional

O Conselho de Segurança das Nações Unidas é, hoje, uma das peças-chave da organização do sistema internacional. As Nações Unidas são o símbolo mais conhecido da ordem internacional contemporânea, e o Conselho de Segurança é – ao menos no papel – o órgão mais poderoso da Organização,[2] dotado de uma capacidade executiva de que o Secretariado, a Assembleia Geral e os outros órgãos das Nações Unidas não dispõem. Este livro se insere, portanto, no campo de estudo das relações internacionais chamado de "organização internacional". O conceito de organização internacional é, contudo, mais complexo do que parece à primeira vista.

Antes de tudo, é importante distinguir entre dois sentidos do termo organização internacional. O primeiro refere-se a uma instituição formal, quase sempre criada a partir de um estatuto ou uma constituição escrita, cujos integrantes são, geralmente, Estados soberanos. Os exemplos são numerosos: as Nações Unidas, o Fundo Monetário Internacional, a União Europeia, o Mercosul, a União Postal Universal e a Associação Latino-Americana de Integração são organizações internacionais nessa primeira acepção. O outro sentido refere-se a todas as tentativas de ordenar ou estruturar as relações internacionais, mesmo sem a constituição de organizações formais. Essa organização do sistema internacional tem sido estudada sob diversas óticas, como, por exemplo, a criação de regimes internacionais que visam coordenar as ações dos atores no sistema; a manutenção da balança ou equilíbrio de poder como forma de evitar conflitos; ou mesmo a estruturação da economia global.[3] Porém, enxergar a organização internacional nesse sentido amplo leva a várias perguntas: onde começa o processo de organização? O que está sendo organizado? Quem está organizando? Qual "ordem" está sendo criada?

O processo de organização internacional começa pela própria definição dos atores relevantes. Se as relações internacionais são um jogo, a organização internacional seria a definição das regras do jogo. As primeiras regras a serem definidas não são quantas cartas cada jogador deve comprar, ou quanto vale um ás, e sim o número de jogadores, os elementos do jogo (baralho ou tabuleiro, por exemplo) e a definição do sentido desses elementos (que o dois valha como coringa). Dessa forma, o começo do processo de organização internacional é estipular quem são os jogadores. Isso vai além de simplesmente identificar "os Estados"; por exemplo – é definir o que conta como um Estado e os critérios de legitimidade envolvidos. Na Europa medieval, ser cristão era o elemento essencial para participar como sujeito do jogo das relações internacionais. Os povos "pagãos" não eram ignorados, mas eram tratados como objetos, e não sujeitos: exércitos a serem derrotados e territórios a serem conquistados, e não interlocutores em pé de igualdade com os outros jogadores.

Esse primeiro passo da organização internacional – o momento constitutivo – é importantíssimo, pois representa o maior exercício de poder nas relações internacionais. Decidir quem joga é muito mais importante do que decidir quantas cartas cada um compra. Definir qual carta vale como coringa é um exercício de poder – especialmente se você já sabe quais cartas você terá no jogo e consegue, portanto, garantir que a regra estabelecida o beneficiará. Nesse contexto, falar em organização internacional ou em gerir a ordem internacional é tratar de um processo muito mais importante e profundo do que simplesmente regular o comércio internacional ou o uso da força. Está em jogo não só o comportamento dos agentes, mas a sua própria natureza. As regras constitutivas mais profundas – por exemplo, o conceito de soberania – são reforçadas, enfraquecidas e transformadas a partir de milhares de regras e decisões mais superficiais e específicas, que criam novas ideias, precedentes e conceitos. Assim, ao examinar o papel do Conselho de Segurança na organização ou ordenamento do sistema internacional (os dois termos serão doravante utilizados como sinônimos), deve-se sempre ter em conta não apenas suas atribuições explícitas com relação à manutenção da paz e da segurança internacional, como também seu papel de fortalecer uma visão específica de quem são os atores internacionais, qual a sua função e qual o comportamento que lhes cabe.

Organização internacional de 1812 a 1945

Ao comentar a criação do Conselho de Segurança, é praticamente inevitável caracterizá-lo como sucessor imediato do

Conselho da Liga das Nações, como faz, por exemplo, Kirgis: "o plano não era pura invenção. Em vez disso, as grandes potências, ao redigirem a Carta da ONU, utilizaram como base a prática da Liga das Nações".[4] A referência justifica-se: o Conselho da Liga foi efetivamente o único órgão formal de Estados encarregado de zelar pela paz internacional antes do Conselho de Segurança. Todavia, o próprio Conselho da Liga foi, de certa forma, uma evolução das tentativas surgidas no século XIX, após as guerras napoleônicas, de ordenar as relações internacionais a partir de um diretório de grandes potências.

A formação e a operação desse diretório foram descritas minuciosamente por Henry Kissinger em sua obra *A world restored*.[5] Ainda que mais famosamente associada ao Congresso de Viena (1815) e às conferências que se seguiram, como a de Aix-la-Chapelle (1818), Troppau (1820) e Laibach (1821), o "Concerto Europeu", como veio a ser chamado, já começara a ser articulado pelo austríaco Klemens von Metternich antes da derrota de Napoleão Bonaparte.

O principal argumento de Kissinger é que o Concerto Europeu – que teria tido em Metternich seu principal arquiteto – fora construído não como mera aliança militar ou simples agrupamento de potências que perseguia seus interesses a todo custo. O princípio animador do Concerto, para Metternich, era a preservação da legitimidade do Antigo Regime europeu de monarquias absolutistas, diante das erupções nacionalistas e liberais que se deram na esteira da ascensão de Napoleão. Metternich esforçou-se para convencer seus aliados – particularmente a Grã-Bretanha – de que a derrota de Napoleão deveria ser não apenas uma vitória militar, mas também uma vitória política e moral, que consagrasse a legitimidade do equilíbrio que se buscaria estabelecer após a queda do imperador francês.

Era preciso sensibilizar a Grã-Bretanha quanto aos problemas de uma potência do continente: que o fato de se constituir de uma coalizão contra Napoleão não era mais importante do que a forma pela qual ela seria alcançada; que as vitórias são feitas não apenas de batalhas, mas da escolha dos campos de batalha. (...) A criação da coalizão dependeria da possibilidade de fazer a Grã-Bretanha entender a importância de legitimar o equilíbrio.[6]

Qual o motivo dessa preocupação de Metternich com a legitimidade da vitória contra a França napoleônica? Além da ameaça concreta que o fervor nacionalista representava para a existência do Império austro-húngaro, que continha numerosas etnias, línguas e povos distintos, Metternich entendia que uma eventual paz seria duradoura apenas se fosse fundamentada em certos princípios reconhecidos como legítimos por todas as potências e que serviriam de base para a administração de suas relações no futuro. Ao negociar com seus aliados, durante e depois do embate com a França, Metternich buscou convencê-los dessa perspectiva:

Para Castlereagh [da Grã-Bretanha] o fato do predomínio de Napoleão era ímpeto suficiente para criar a coalizão; restava apenas resolver a questão essencialmente técnica de como melhor conter o agressor. Para Metternich, a natureza da paz era o tema central, de modo que ele estava preocupado com a questão essencialmente moral de como legitimar o acordo.[7]

Ao salientar a importância de existir uma paz legítima – isto é, um ordenamento do sistema que obedeça a certos princípios reconhecidos como válidos pelos principais atores –,

Kissinger está, na verdade, realçando a importância de ideias na ordem internacional. Um arranjo baseado meramente na força militar ou econômica, na luta desenfreada de todas as potências para satisfazerem seus interesses, seria necessariamente precário. O estabelecimento de critérios de legitimidade diminui os custos políticos de gerenciar a ordem, uma vez que os "atos administrativos" necessários – intervenções políticas ou até militares – podem ser praticados em nome de um bem maior, em vez de em nome do interesse individual de um Estado.

A dificuldade desse arranjo ou de qualquer ordenamento que se busca legitimar com base em princípios é que estes jamais são autointerpretativos. Ainda que possa haver um consenso em torno dos princípios, cada ator os interpretará de modo a defender seus próprios interesses. Ademais, os atores mais poderosos terão maior capacidade de fazer valer suas interpretações. Esse ponto foi articulado de forma precisa na época do Império brasileiro pelo visconde de Abaeté: "a hermenêutica da força é fecunda em achar na interpretação mais que sutil dos tratados recursos com que procura encobrir as suas violências e atentados".[8]

Ainda assim, porém, as potências menores poderão ter interesse em respaldar os princípios avançados pelas grandes potências como sustentáculos da legitimidade internacional. Mesmo a "hermenêutica da força" não é infinita, e os princípios em cuja consagração as grandes potências esperam encontrar maior liberdade de ação poderão vir a tolhê-las mais tarde. Mesmo um "discurso hipócrita", no qual são invocados princípios de forma autointeressada, não é um discurso vazio: com o tempo, Estados e estadistas podem tornar-se prisioneiros de seus próprios discursos, pagando preços políticos ao não praticar o que pregam. Como um exemplo concreto, pode-se tomar a invasão americana do Iraque em 2003: o alto custo político incorrido pelos Estados Unidos em decorrência da invasão ter ocorrido à margem do Conselho de Segurança foi, de certa forma, resultado direto dos esforços americanos na primeira metade do século de criar um sistema internacional de segurança coletiva, baseado, entre outros, nos princípios de soberania nacional, autodeterminação e não intervenção.

A despeito dos esforços de Metternich, o Concerto Europeu ruiu ainda no século XIX. O ano de 1871 marcou o enfraquecimento dos princípios que sustentavam o Concerto: a derrota da França na Guerra Franco-Prussiana desequilibrou a balança de poder de forma a comprometer definitivamente o Concerto. A nova predominância germânica levou a um enfraquecimento do consenso em torno de normas internacionais, levando ao enrijecimento de sistema de alianças e ao fortalecimento do nacionalismo, das rivalidades intraeuropeias e da diplomacia secreta.[9]

Foi, todavia, com a I Guerra Mundial que o sistema internacional europeu do século XIX conheceu seu ocaso definitivo. O estrago humano e econômico sem precedentes causado pela guerra serviu como ímpeto para uma nova tentativa de reordenar o sistema internacional de modo a impedir a repetição da catástrofe. Defendia-se que aquela deveria ser "a guerra para acabar com todas as guerras".

Ao fim da I Guerra Mundial, os Estados Unidos encontravam-se em uma posição relativa de poder que jamais haviam conhecido. O poderio bélico e econômico do país, aliado ao imenso prestígio pessoal de seu presidente, Thomas Woodrow Wilson, deu aos americanos uma influência preponderante nos arranjos do pós-guerra, que visariam reorganizar o sistema internacional.

Descrever em detalhes a visão que Woodrow Wilson tinha da política internacional ou precisar exatamente quais eram suas intenções com a constituição da Liga das Nações são tarefas cuja complexidade está além do escopo deste trabalho. Todavia, é importante evitar a tentação de reduzir o pensamento de Woodrow Wilson a algo mais simples ou preto e branco do que de fato era. O pensamento de Wilson é, com grande frequência, tachado de idealista ou utópico, descartado como produto de ingenuidade e até, em última análise, responsável pelo fracasso do sistema de segurança coletiva do entreguerras e a eclosão da II Guerra Mundial. Por outro lado, alguns autores, particularmente aqueles pertencentes à academia norte-americana, tentam usar o pensamento de Woodrow Wilson para legitimar as políticas externas adotadas por governantes recentes. Assim, autores como Mead consideram que Wilson esposava um internacionalismo liberal que teria ressurgido no governo Clinton (1993-2001), com sua ênfase no livre-comércio e na expansão da Otan, ao passo que outros, como Kagan, consideram que a defesa wilsoniana de democracia e valores liberais seria análoga à política exterior explicitamente baseada em valores do governo George W. Bush, que identificou um "eixo do mal" no mundo, ao mesmo tempo em que estabeleceu a promoção da democracia como um de seus objetivos principais.[10]

Wilson não era nem tolo, nem profeta: se suas ideias tivessem sido tão tragicamente descoladas das realidades da política quanto sugerem seus detratores, dificilmente estadistas europeus experientes como Lloyd George, do Reino Unido, e Clemenceau, da França, teriam confiado a elas a paz de seu continente. Por outro lado, a defesa por parte de Wilson dos valores liberais deu-se em um contexto específico, no qual se contrapunham à autocracia da Prússia imperial. Esse liberalismo era diferente daquele que se congratularia, nos anos 1990, por ter vencido a Guerra Fria e chegado ao "fim da história", e daquele que se veria rudemente confrontado com a história novamente, após os ataques de 11 de setembro de 2001.

O liberalismo de Wilson era, ainda assim, um liberalismo particularmente americano. Devia muito à experiência dos Estados Unidos no imediato período pós-independência, quando as 13 ex-colônias se depararam com o desafio de garantir, ao mesmo tempo, a defesa contra inimigos estrangeiros, a harmonia entre si e a preservação das liberdades democráticas.

Dos famosos 14 pontos propostos por Wilson para servirem como base para a paz após a guerra, oito tratavam de questões políticas específicas, ao passo que os outros vislumbravam acordos internacionais para garantir a liberdade dos mares, o desarmamento internacional e o comércio internacional, além do célebre último ponto, que propunha uma organização internacional de segurança, que se concretizaria na Liga das Nações.

A possibilidade de cooperação por meio de acordos formais para garantir livre navegação, desarmamento, comércio e segurança coletiva, embora encontrasse alguns precedentes no sistema westphaliano, era também reflexo da experiência filadelfiana. Ademais, o Pacto da Liga das Nações foi um documento inspirado na tradição legal americana, não só pelos seus dispositivos como pela sua própria existência como pacto formal e a da Liga como uma instituição formal. A ideia de um "parlamento internacional" foi uma tentativa de transposição de instituições americanas para o plano internacional.[11]

A Liga das Nações foi, por sua natureza formalizada, uma importante evolução nas tentativas de organizar o sistema internacional. O fato de ter falhado em preservar a paz deve-se, em parte, à ausência dos Estados Unidos ou à inexistência de um veto das grandes potências em seu Conselho, mas também ao problema que preocupara Metternich no século anterior: "a questão essencialmente moral de como legitimar o acordo".[12] Não se trata simplesmente da percepção alemã acerca da injustiça do Tratado de Versalhes, mas da ausência de um consenso entre as potências sobre o tipo de paz que a Liga deveria manter. Não houve a construção de uma percepção conjunta das grandes potências acerca de que tipo de sistema se estaria construindo ou dos limites aceitáveis para a perseguição de seus interesses nacionais. De certa forma, pode-se dizer que a Liga das Nações foi, um mero foro político que pouco pôde modificar os termos do discurso, do debate e, portanto, da organização política internacional.

A criação das Nações Unidas ocorreu de forma distinta daquela da Liga das Nações. Podem-se identificar três principais diferenças que levariam a nova Organização a ter longevidade e eficácia superiores àquelas de sua antecessora: a criação de um consenso mais profundo entre as potências sobre a natureza da paz (ou a ordem) a ser construída; o surgimento das armas nucleares; e o desenho institucional do novo Conselho de Segurança.

À primeira vista, pode parecer estranho afirmar que as Nações Unidas foram criadas com base em um consenso entre as potências. A eclosão da Guerra Fria quase imediatamente após a criação da nova organização (ou até antes, para aqueles que identificam na Conferência de Potsdam o marco inicial do conflito) parece contradizer a ideia de que as Nações Unidas incorporavam uma visão mais consensual da ordem internacional do que a Liga das Nações. Todavia, é possível identificar pontos de comum acordo entre as potências sobre a paz que se criava.

As Nações Unidas tiveram sua origem na Carta do Atlântico, declaração conjunta assinada pelo primeiro-ministro Winston Churchill e o presidente Franklin Delano Roosevelt em agosto de 1941. A Carta é uma lista de oito princípios nos quais os signatários depositariam suas "esperanças de um futuro melhor para o mundo". Dadas as suas brevidade e relevância, cabe transcrevê-los todos abaixo:

> Primeiramente, seus países não almejam ganhos territoriais ou de outra natureza.
>
> Em segundo lugar, não desejam ver quaisquer mudanças territoriais que não se coadunem com os desejos livremente expressos dos povos envolvidos.
>
> Em terceiro lugar, respeitam o direito de todos os povos de escolher a forma de governo sob a qual viverão; e desejam ver os direitos soberanos e o autogoverno restaurados àqueles que os tiveram tirados pela força.
>
> Em quarto lugar, buscarão, com o devido respeito por obrigações existentes, aumentar o desfrute por todos os Estados, grandes ou pequenos, vitoriosos ou vencidos, de acesso, em termos igualitários, ao comércio e às matérias-primas do mundo que sejam necessárias para sua prosperidade econômica.

Em quinto lugar, desejam fomentar a mais ampla colaboração entre todas as nações no campo econômico, com vistas a assegurar melhores condições de trabalho, progresso econômico e seguridade social para todos.

Em sexto lugar, após a destruição final da tirania nazista, esperam ver estabelecida uma paz que permita a todas as nações viverem em segurança dentro de suas próprias fronteiras e que permita que todos os homens em todas as terras possam viver suas vidas livres do medo e da carestia.

Em sétimo lugar, tal paz deve permitir a todos os homens navegarem o alto-mar e os oceanos sem empecilhos.

Em oitavo lugar, acreditam que todas as nações do mundo, por razões tanto realistas quanto espirituais, precisam vir a abandonar o uso da força. Como nenhuma paz futura poderá ser mantida se os armamentos da terra, do mar ou do ar continuarem a ser empregados por nações que ameacem ou possam ameaçar cometer agressões além de suas fronteiras, acreditam ser essencial o desarmamento de tais nações, até que seja estabelecido um sistema mais amplo e permanente de segurança geral. Irão igualmente assistir e encorajar todas as medidas praticáveis que aliviarão o esmagador peso dos armamentos para os povos amantes da paz.[13]

O fato de esses princípios parecerem vagos e até evidentes sob um olhar contemporâneo é um sinal de quão efetivamente foram disseminados na segunda metade do século XX. No momento de sua enunciação, todavia, tinham um especial significado.

Em primeiro lugar, a Carta do Atlântico contém uma forte tônica anti-imperialista e anticolonialista, particularmente em seus primeiros três pontos. Tratava-se de elemento da visão americana da política internacional, de relutante aceitação pela Grã-Bretanha. O quarto e o quinto ponto representam o que viria a ser a base da nova ordem econômica internacional, sustentada nas instituições de Bretton Woods, como o Banco Mundial e o FMI. Em ambos vislumbra-se reação contra o protecionismo, considerado a causa da Grande Depressão, e contra suas consequências sociais. Os outros pontos demonstram, também, uma visão distintamente liberal da política internacional, com claros ecos dos pontos apresentados por Woodrow Wilson durante a guerra anterior.

A Carta do Atlântico inspirou fortemente a Carta das Nações Unidas, cujo preâmbulo ecoa a Declaração de Independência dos Estados Unidos ("Nós, os povos das Nações Unidas..." e "Nós, o povo dos Estados Unidos...", respectivamente). Se o preâmbulo já cita vários elementos que deveriam ser a base da paz a ser mantida pelas Nações Unidas, como os "direitos fundamentais do homem", a "igualdade de direitos dos homens e das mulheres, assim como das nações, grandes e pequenas", o "respeito pelas obrigações decorrentes de tratados e de outras fontes do direito internacional" e o "progresso econômico e social de todos os povos", o Capítulo 1 é ainda mais explícito. Seu art. 1º lista os quatro propósitos da Organização: manter a paz e a segurança internacionais; desenvolver relações de amizade entre as nações com base no princípio da autodeterminação; encorajar a cooperação internacional com vistas a promover os direitos humanos; e harmonizar a conduta dos Estados para atingir esses fins. O art. 2º lista os princípios que orientarão a conduta dos

Estados-membros, incluindo a igualdade soberana dos Estados, a resolução pacífica das disputas e a não intervenção. O Pacto da Liga das Nações não continha linguagem comparável. Após a Carta, outros documentos, em particular a Declaração Universal dos Direitos Humanos (que universalizava uma ideia filadelfiana de direitos individuais inalienáveis), cimentariam ainda mais o "consenso moral" que sustentava as Nações Unidas.

Poder-se-ia objetar que algumas potências – em particular a União Soviética, ainda sob o jugo de Stalin – não partilhavam dos princípios enunciados na Carta das Nações Unidas ou na Declaração Universal dos Direitos Humanos e até os violaram repetidamente. Todavia, as violações na prática desses princípios não invalidam seu endosso formal: os soviéticos valiam-se desses princípios para defender seus interesses no plano internacional e, dessa forma, fortaleciam-nos. A existência de princípios claramente definidos e explicitamente aceitos obrigava mesmo aqueles Estados que os violavam a se justificar politicamente com base em tais princípios. Surgia, de certa forma, um "idioma político" comum que não só permitia que soviéticos, americanos, europeus, latino-americanos, africanos e asiáticos se entendessem entre si, mas também acabava por moldar-lhes a conduta.

O surgimento desse idioma político comum foi facilitado pela existência de certas semelhanças ideológicas importantes entre as duas superpotências. Sem ignorar a enorme distância entre o comunismo soviético e o liberalismo americano, é preciso ter em mente que ambos são ideologias autenticamente modernas e pós-coloniais. Trata-se de visões alternativas da modernidade:[14] tanto o liberalismo americano quanto o comunismo soviético se apresentavam como o triunfo da racionalidade, verdades universais às quais todos os povos poderiam ter acesso pelo exercício da razão, superando a irracionalidade que representavam o nacionalismo e o imperialismo europeu. Havia, portanto, uma constante de ambos os lados: a necessidade de transformar as estruturas antigas para alcançar o "novo mundo" que se anunciava.

A segunda explicação citada acima para o fato de as Nações Unidas terem obtido maior êxito do que a Liga das Nações foi o surgimento das armas nucleares. Essas armas aumentaram enormemente o custo relativo da guerra ao tornar muito mais perigosa a escalada de um confronto. O exemplo mais claro disso foi a crise dos mísseis de Cuba, em 1962, que, mais do que um confronto entre a União Soviética e os Estados Unidos, representou um esforço de seus respectivos líderes para frear a marcha de dinâmicas políticas internas que os empurrava em direção ao conflito. As armas nucleares acabaram por criar aquilo que claramente inexistiu no entreguerras: uma percepção conjunta das grandes potências acerca dos limites aceitáveis para a perseguição de seus interesses nacionais.

Finalmente, as Nações Unidas se distinguiriam da Liga das Nações por sua arquitetura institucional muito mais complexa. Embora dispusesse de seis órgãos principais (Assembleia Geral, Conselho de Segurança, Conselho Econômico e Social, Conselho de Tutela, Corte Internacional de Justiça e Secretariado), o Conselho de Segurança estava claramente no centro da nova Organização. Foi desenhado para ter uma capacidade de execução que faltara a seu antecessor, o Conselho da Liga. Com um processo de tomada de decisão por votação, e não por consenso, exigindo unanimidade das grandes potências e com autoridade para impor obrigações aos Estados-membros da Organização, o Conselho de Segurança foi uma criação verdadeiramente inédita na política internacional.

O desenho institucional do Conselho de Segurança

O Conselho de Segurança foi criado, de certa forma, como uma fusão do Concerto Europeu do século XIX e do Conselho da Liga das Nações. Se no aspecto formal – a realização de votações, reuniões regulares e uma sede estabelecida, entre outros – lembrava o Conselho da Liga, seu espírito animador era muito mais semelhante àquele do Concerto Europeu, na medida em que as grandes potências assumiriam um papel de predominância explícita no gerenciamento da ordem.

Para melhor compreender o Conselho de Segurança como instrumento inovador da ordem internacional, cabe examinar três pontos: a sua composição, o papel predominante das grandes potências, e a sua capacidade executiva em um amplo escopo de atuação.

O Conselho de Segurança era originariamente integrado por 11 membros, sendo cinco deles permanentes: República da China, União Soviética, Reino Unido, França e Estados Unidos. Os membros não permanentes teriam mandatos de dois anos, não renováveis, e seriam eleitos pela Assembleia Geral com base em suas contribuições para a Organização e em "distribuição geográfica equitativa". Em 1965, entrou em vigor emenda à Carta das Nações Unidas que aumentou o número de membros não permanentes de seis para 10.

Existe enorme distância entre membros permanentes e não permanentes. A maior distinção entre as duas categorias de membros é o chamado "veto" (termo que não aparece na Carta), cuja operação é descrita no §3º do art. 27 da Carta:

1. Cada membro do Conselho de Segurança terá um voto.

2. As decisões do Conselho de Segurança, em questões de procedimento, serão tomadas por um voto afirmativo de nove membros.

3. As decisões do Conselho de Segurança sobre quaisquer outros assuntos serão tomadas por voto favorável de nove membros, *incluindo os votos afirmativos de todos os membros permanentes*, ficando entendido que, no que se refere às decisões tomadas nos termos do capítulo VI e do n° 3 do artigo 52, aquele que for parte numa controvérsia se absterá de votar.

Trocando em miúdos, qualquer membro permanente pode votar contra qualquer decisão substantiva do Conselho de Segurança e derrotá-la.[15] O exercício do veto tem sido enormemente fortalecido pelo fato de que jamais se explicitou de forma definitiva a distinção entre questões substantivas e procedimentais. Tem-se, assim, o veto duplo:

Na declaração das potências patrocinadoras em São Francisco, foi afirmado que a questão de se determinado tema era ou não procedimental era em si sujeita ao veto. Este "duplo veto" constitui uma enorme barreira, mas, segundo as regras de procedimento, é possível que o presidente do Conselho de Segurança determine que uma questão seja procedimental e, se essa determinação for apoiada por nove membros, a questão está resolvida.[16]

O efeito do veto estende-se para muito além das votações, podendo-se falar, na verdade, em dois tipos de veto. O primeiro, o "veto concreto", seria a acepção mais comum: um voto negativo por parte de um membro permanente, que leva à não adoção de uma resolução. De outro lado, tem-se o "veto indireto", isto é, o desestímulo à discussão de certas questões no Conselho, uma vez que se sabe que determinados membros permanentes poderão impedir a tomada de qualquer decisão referente àquele tema.

De certa forma, o efeito indireto do veto é até mais importante do que sua utilização concreta, uma vez que define o equilíbrio de poder que rege os trabalhos do Conselho e assim estabelece certas regras do jogo. Na prática, o "veto concreto" só chega a ser usado quando algum membro do Conselho se dispõe a incorrer nos custos políticos de levar a votação uma resolução que sabe que será vetada, com vistas a gerar um fato político a partir do veto. As estatísticas sobre o uso do veto são, assim, ilusórias, uma vez que refletem apenas o uso do veto concreto e não dão conta dos projetos de resolução que nem sequer foram submetidos à votação, por haver certeza de que seriam vetados, ou dos temas que nem sequer foram discutidos pelo Conselho, por essa mesma certeza.

A predominância dos membros permanentes do Conselho de Segurança na ação das Nações Unidas centra-se no poder de veto. Todavia, sustenta-se em alguns "pilares complementares", a saber: a proibição de que a Assembleia Geral considere assuntos sob análise pelo Conselho (art. 12, §1º); a necessidade de ratificação por parte de todos os membros permanentes para que se efetue qualquer emenda à Carta (art. 108); e a natureza vinculante das decisões do Conselho (arts. 25 e 40).

Este último ponto refere-se diretamente à capacidade executiva do Conselho. É facultado ao Conselho tomar uma série de medidas no exercício de suas responsabilidades, desde "recomendar os procedimentos ou métodos de solução apropriados" até "levar a efeito, por meio de forças aéreas, navais ou terrestres, a ação que julgar necessária para manter ou restabelecer a paz e a segurança internacionais".

Com o passar das décadas, a atuação do Conselho tem dado cada vez menos atenção aos preceitos da Carta e ao estrito senso de suas disposições. Mais e mais, tem-se simplificado uma série de questões, como a distinção entre "situações" e "disputas" ou entre "decisões" e "recomendações", recorrendo-se a uma simples afirmação categórica da natureza vinculante das decisões do Conselho, que trabalha com um escopo de ação cada vez mais amplo, interpretando a manutenção da paz e da segurança internacionais de forma abrangente e sem limites claros. A própria Carta, ao atribuir ao Conselho responsabilidades especiais no ingresso e na expulsão de Estados nas Nações Unidas e na escolha do secretário-geral das Nações Unidas e dos juízes da Corte Internacional de Justiça, garante que o órgão (e, por extensão, particularmente os membros permanentes) terá influência mesmo no tratamento de temas que não sejam diretamente afetos à paz e segurança internacional.

Mesmo na acepção mais restrita dos poderes do Conselho, obedecendo às disposições da Carta ao pé da letra, trata-se de um órgão com autoridade sem precedentes na história das relações internacionais. O reconhecimento, por parte dos signatários da Carta das Nações Unidas, de que o Conselho "age em nome deles", e o compromisso de "aceitar e aplicar as decisões do Conselho de Segurança, de acordo com a presente Carta", configuram uma situação ímpar na organização internacional: a criação, não só *de facto*, mas *de jure* de uma "comissão executiva" da comunidade internacional.

O Conselho é, acima de tudo, um foro político. Não é um ator unitário e não age como tal: sua ação é a resultante das interações de seus membros, razão pela qual as suas resoluções, tomadas individualmente ou como um todo, não são perfeitamente consistentes. É possível analisar sua prática, mas não seu pensamento, pois mesmo quando adota uma resolução por unanimidade, ela é interpretada de várias formas diferentes – como atestam os quase inevitáveis discursos após sua adoção, em que os membros que acabam de votar a favor da resolução fazem qualificações, interpretações e ressalvas em relação ao texto acordado.

O Conselho jamais faz uso de um poderio militar próprio. Mesmo quando cria uma operação de manutenção da paz, vale-se de tropas dos Estados-membros. Em outras ocasiões, como na Guerra da Coreia, quando autorizou o envio de uma força multinacional, ou na Guerra da Iugoslávia, quando aprovou retroativamente bombardeios da Otan, a ausência de uma capacidade coercitiva própria do Conselho torna-se ainda mais nítida.

Pode-se dizer, assim, que o Conselho de Segurança não exerce poder – exerce autoridade, legitimando ações de poder que de outra maneira teriam um custo político muito mais elevado. A autoridade que lhe é atribuída pela Carta permite distinguir de forma muito mais nítida entre uso legítimo e ilegítimo da força do que permitiam, por exemplo, escritos filosóficos acerca da justiça da guerra. Uma resolução do Conselho é concreta; pode legitimar uma intervenção de forma muito mais convincente do que apelos mais abstratos à Justiça ou à responsabilidade internacional. Não se está argumentando que a existência da Carta e do Conselho tenha eliminado a ambiguidade acerca do uso da força nas relações internacionais – a Carta, como todo texto, é sujeita à interpretação, e leva às vezes a leituras muito divergentes (de novo, como no caso da invasão do Iraque em 2003). Porém, ao assumir o manto da autoridade internacional e ao tornar um pouco mais nítida a fronteira entre ação legítima e ilegítima dos Estados em relação aos seus pares, o Conselho deu um enorme passo na organização do sistema internacional.

O Conselho de Segurança e a Guerra Fria

Ao se analisar o papel do Conselho de Segurança ao longo da Guerra Fria, parece quase inevitável o uso da palavra "paralise" ou alguma variante dela.[17] Segundo essa visão, a instituição do veto, somada às diferenças aparentemente irreconciliáveis entre a União Soviética e os Estados Unidos ao longo desse período, impediu que o Conselho de Segurança desempenhasse seu papel de garantidor da paz e da segurança internacional. Essa visão é adotada, por exemplo, por Weiss, que assinala que:

> O estabelecimento de um bloco comunista na Europa oriental pela União Soviética rapidamente pôs termo à cooperação entre grandes potências sobre a qual a ordem do pós-guerra havia sido construída. Com seus membros polarizados em dois campos, as Nações Unidas foram incapazes de manter a paz e prevenir conflitos como originalmente cogitado.[18]

Outros estudiosos defendem que a simples ausência de uma III Guerra Mundial — uma "Guerra Quente", em oposição à Guerra Fria — demonstra que o Conselho de Segurança cumpriu seu objetivo maior, isto é, impedir uma conflagração global nos moldes da II Guerra:

Como surgiram as mudanças no Conselho na era pós-Guerra Fria? O Conselho inicialmente via seu papel como sendo o de impedir uma III Guerra Mundial. Na medida em que a Guerra Fria passou a definir a política global, o Conselho passou a buscar impedir que conflitos regionais (frequentemente entre Estados-clientes ou mandatários das superpotências) se tornassem conflagrações globais. Nessa área, o Conselho realizou contribuições úteis em várias ocasiões.[19]

Esse argumento é, todavia, suspeito, na medida em que não há evidências convincentes de que, na ausência do Conselho, uma III Guerra teria necessariamente ocorrido. Dificilmente pode-se confirmar que foi sua ação, e não o surgimento das armas atômicas, o equilíbrio de poder, a construção de entendimentos intersubjetivos ou qualquer outro fator específico, que impediu um novo cataclismo.

Ainda que seja impossível afirmar com rigor metodológico que o Conselho impediu uma nova guerra mundial, tampouco uma leitura cuidadosa da política internacional autoriza a interpretação de que o órgão, paralisado, fora incapaz de desempenhar papel relevante na manutenção da paz e da segurança internacionais. Ainda que a atuação do Conselho no período entre a sua criação e a derrocada da União Soviética não tenha seguido o caminho que para ele imaginaram seus idealizadores, teve importante papel ao transformar a forma da política internacional e, assim, alterar a sua substância.

Para fins de simplificação, pode-se dizer que o Conselho de Segurança desempenhou dois grandes papéis na manutenção da paz e da segurança internacionais ao longo da Guerra Fria: serviu como palco de confrontação política entre as superpotências e como instrumento para gerenciar a ordem internacional. Ainda que essas categorias não sejam nem exaustivas nem mutuamente excludentes, dão conta de boa parte da influência do Conselho na política internacional durante o período do conflito bipolar.

O primeiro papel assinalado acima é o de palco de confrontação política entre as superpotências. Talvez o exemplo clássico dessa função seja a confrontação entre o embaixador dos Estados Unidos, Adlai Stevenson, e o embaixador da União Soviética, Valerian A. Zorin, durante a crise dos mísseis de 1962. Naquele episódio – famosamente retratado no filme *Thirteen days* (*Treze dias que abalaram o mundo*), do diretor Roger Donaldson, o Conselho serviu como campo de batalha verbal, onde a reiterada demanda de Stevenson ao embaixador soviético ("o senhor nega, embaixador Zorin, que a URSS instalou e está instalando mísseis de alcance médio e intermediário em sítios em Cuba? Sim ou não?")[20] pôs a União Soviética em posição política defensiva e erodiu significativamente sua capacidade de angariar apoio de outros países às suas posições. Na ausência de um foro institucional para o confronto, esse teria de ter ocorrido em um foro *ad hoc* – algum tipo de cúpula emergencial, da qual a União Soviética poderia simplesmente ter-se recusado a participar; na imprensa, onde a falta de contato direto entre as partes teria diminuído o impacto do confronto; ou nos bastidores, onde a falta de repercussão pública teria dificultado o acuamento da União Soviética. O Conselho não era o único foro possível para um confronto desse tipo, mas sua natureza *sui generis* – a capacidade executiva e a dimensão de suas responsabilidades – deu-lhe uma visibilidade que, por exemplo, a Assembleia Geral das Nações Unidas não teria tido.

A crise dos mísseis de 1962 foi provavelmente o caso mais explícito no qual o Conselho, ao servir de palco para embates, alterou o curso da política mesmo sem se valer de sua capacidade executiva. Não foi, todavia, o único: por ser uma instituição em funcionamento constante, conforme dispõe o art. 28 da Carta, criou-se uma verdadeira nova dimensão na interlocução das superpotências.[21] O Conselho não era mero instrumento a ser acionado quando fosse conveniente, mas uma preocupação onipresente, na medida em que outros países – ou mesmo o secretário-geral das Nações Unidas – poderiam valer-se dele para constranger publicamente uma das superpotências.

O segundo papel desempenhado pelo Conselho durante a Guerra Fria foi o de instrumento de gerenciamento da ordem internacional. Foi nessa dimensão que o Conselho mais se aproximou do Concerto Europeu: em matérias onde os interesses das grandes potências fossem convergentes ou, ao menos, parcialmente coincidentes, ele exercia a relevante tarefa de solucionar distúrbios na ordem. Por um lado, o fato de ser uma instituição em constante funcionamento, com regras de procedimento e de ação previamente definidas, diminuía os custos de coordenação entre as potências para resolver determinadas situações. Deixava de ser necessário criar mecanismos e foros *ad hoc*, e reescrever as regras do jogo a cada crise que aparecia, pois já existiam um foro e um arcabouço de regras.

Por outro lado, por ser uma instituição que compreendia não só grandes potências, mas também potências menores (os membros eleitos), e pelo fato de que, nos termos do art. 24 da Carta, os membros da Organização "concordam em que, no cumprimento dos deveres impostos por essa responsabilidade, o Conselho de Segurança aja em nome deles", o Conselho outorgava maior legitimidade às soluções encontradas para as crises em questão e ajudava a distribuir os custos de manter a ordem – notadamente no caso das contribuições de tropas de potências médias e pequenas para operações de manutenção da paz.

Uma vez que a ação efetiva do Conselho de Segurança para dirimir uma crise e manter a ordem internacional exigia um mínimo de coincidência entre as posições das superpotências, ela tendia a ser restrita a conflitos "periféricos".[22] Nesses casos, porém, o Conselho revelou-se capaz de criar soluções inovadoras e engenhosas (e frequentemente até bem-sucedidas) para amenizar ou resolver os conflitos. A solução mais inovadora foi a criação das operações de manutenção da paz.

As operações de manutenção da paz não são mencionadas explicitamente na Carta das Nações Unidas. Elas tiveram suas origens na United Nations Truce Supervision Organization (Untso), criada em 1948 pelo Conselho de Segurança para supervisionar o cessar-fogo entre Israel e os países árabes na questão palestina. Em 1956, a Assembleia Geral criou a United Nations Emergency Force (Unef I), para supervisionar o cessar-fogo entre Egito e Israel, acordado após o então presidente do Egito, Gamal Abdel Nasser, ter fechado o canal de Suez. Esse molde de operação foi muito bem recebido pelo Conselho, que, ao longo das décadas seguintes, criou diversas operações de manutenção da paz, dos mais diferentes tamanhos e especificações, espalhadas pelo mundo. Em termos de gerenciamento da ordem internacional, as operações de manutenção da paz representavam um meio de legitimar a intervenção para resolver ou congelar um conflito e de repartir os custos de fazê-lo. O envio, para citar apenas um exemplo, de militares brasileiros ao Egito após a Guerra de Suez seria inconcebível, pela falta de interesse brasileiro na região, se não fosse pelo caráter "universalizante" das operações de manutenção da paz. Ações para estabilizar conflitos periféricos eram apresentadas não mais como intervenções das grandes potências, mas como esforços coletivos da sociedade internacional em prol da paz.

O que se pode extrair do que precede é que, ainda que o Conselho de Segurança tenha sido impedido pelo veto de agir em circunstâncias em que os interesses das grandes potências eram francamente opostos, ele não deixou de influenciar em alguns momentos decisivos e de mudar a forma de conduzir a política internacional. Em casos onde convergiam as posições das grandes potências, o Conselho, principalmente por meio das operações de manutenção da paz, foi um instrumento eficaz de coordenação e repartição de custos para gerenciar a ordem internacional. Em outros casos, em que as posições divergiam, impedindo-o de tomar medidas efetivas, a própria inação do órgão diante das ameaças à paz e à segurança internacionais constituía um fato político que poderia interferir no desfecho da situação em questão.

Gerenciando a "nova ordem mundial"

A derrocada da União Soviética e o consequente fim do embate bipolar entre as superpotências foi uma importante transformação do sistema internacional, com repercussões de monta para o lugar do Conselho de Segurança no gerenciamento da ordem. Talvez a mais importante e profunda mudança advinda desse processo tenha sido uma questão de percepção: a erosão do conflito bipolar como narrativa estruturante da visão de mundo das grandes potências permitiu que situações internacionais antigamente enxergadas como "jogos de soma zero" – onde o ganho de um era necessariamente a perda do outro – passassem a ser consideradas de outra forma.

O caso da primeira Guerra do Golfo é emblemático. A ação do Conselho de Segurança para repelir a invasão iraquiana do Kuwait foi vista como símbolo de uma nova era. O então presidente dos Estados Unidos, George H. W. Bush, chegou a falar em uma "nova ordem mundial":

> Temos diante de nós a oportunidade de construir para nós mesmos e para futuras gerações uma nova ordem mundial, um mundo onde o império da lei, e não a lei da selva, governe a conduta das nações. Quando tivermos êxito – e teremos –, estaremos diante de uma verdadeira chance de ter essa nova ordem mundial, uma ordem em que as Nações Unidas, dotadas de credibilidade, poderão usar seu papel de manutenção da paz para realizar a promessa e a visão dos fundadores da ONU.[23]

Todavia, em retrospecto, parece claro que o que permitiu a ação do Conselho nessa instância não foi uma transformação na essência da política internacional, mas o fato de que a Rússia não mais percebia a defesa dos interesses americanos no Oriente Médio como necessariamente contrária aos interesses russos. Ainda poderia haver conflitos de interesse, mas esses seriam específicos e conjunturais, não automáticos e estruturais.

A hipótese de que a Guerra do Golfo tenha representado não uma transformação na política, e sim uma coincidência de interesses, é reforçada ao se analisar o resto da década de

1990. Muitas novas operações de manutenção da paz foram criadas, mas o entusiasmo das grandes potências por elas arrefeceu, à medida que essas operações se revelavam incapazes de atingir os objetivos das grandes potências.

Esses objetivos não eram necessariamente definidos em termos de interesses materiais: em casos como os de Ruanda e Somália, por exemplo, o interesse americano era fundamentalmente imaterial, ligado à repercussão interna nos Estados Unidos dos massacres ocorridos naqueles países. Todavia, do ponto de vista das superpotências, as operações de manutenção da paz, nos moldes em que foram criadas pelo Conselho, eram incapazes de assegurar os resultados desejados a custos considerados aceitáveis, o que desencadeou um processo de gradativa desilusão com as mesmas.

Tentativas de revigorar as operações de manutenção da paz e o arcabouço de segurança coletiva das Nações Unidas de forma mais ampla – como o relatório "Uma agenda para a paz: diplomacia preventiva, restabelecimento da paz e manutenção da paz" (1992) e o "Relatório do painel sobre operações de manutenção da paz das Nações Unidas" (2000), também conhecido como "Relatório Brahimi" – agregaram importantes elementos aos trabalhos do Conselho. Todavia, pouco afetaram o dilema central da ação do órgão: seus trabalhos são sempre condicionados pelo interesse e o comprometimento de seus integrantes, particularmente dos membros permanentes. Sem vontade política e coincidência de posições, o Conselho é incapaz de atuar.

Ainda assim, ao longo da década de 1990, o Conselho de Segurança conservou sua posição como instância máxima da ordem internacional. Sua legitimidade era respaldada na Carta das Nações Unidas e fortalecida por intervenções de sucesso, como a Guerra do Golfo e as operações em El Salvador e Moçambique. Por outro lado, era minada naqueles casos em que o Conselho se revelava instrumento incompetente ou ineficaz na preservação da paz e da segurança, como na Somália e na Bósnia.

Os desafios do século XXI

O alvorecer do século XXI viu o Conselho de Segurança deparar-se com dois desafios: o combate ao terrorismo transnacional e a campanha dos Estados Unidos contra o governo de Saddam Hussein, no Iraque. A forma como o Conselho lidou com essas situações teve um impacto sensível no modo como se passou a perceber o papel por ele desempenhado na organização internacional.

Os ataques desferidos pela al-Qaeda contra os Estados Unidos em 11 de setembro de 2001 tiveram um efeito profundo na política externa norte-americana e, em consequência, na política internacional. O sistema internacional – que ao longo do século XX desenvolvera mecanismos para lidar com o conflito interestatal, e nos anos 1990 buscara meios para intervir em guerras intraestatais – deparava-se agora com o dilema de como combater atores "extraestatais", isto é, as redes de terrorismo.

A reação aos ataques foi, de certa forma, uma resposta de duas vias. Por um lado, o Conselho de Segurança adotou uma série de resoluções referentes ao terrorismo *lato sensu*. Após uma resolução inicial condenando os ataques e enfatizando que "aqueles responsáveis por assistir, apoiar ou abrigar os perpetradores, organizadores e patrocinadores desses atos responderão por isso" (Resolução nº 1.368, de 12 de setembro de 2001), o Conselho passou a agir de forma mais direta. Em 28 de setembro, adotou a Resolução nº 1.373, sobre "ameaças à paz e segurança internacionais causadas por atos terroristas". Sob a égide do Capítulo 7 da Carta, a resolução insta os Estados a tomarem uma série de medidas para combater o terrorismo e criou um comitê especial para monitorar a implementação das medidas lá contidas. Em 12 de novembro, reunião do Conselho em nível ministerial adotou, por meio da Resolução nº 1.377, uma declaração sobre o esforço global de combate ao terrorismo.

A segunda via dizia respeito diretamente ao Afeganistão. Em 7 de outubro de 2001, os Estados Unidos e seus aliados iniciaram ataques ao país. Ainda que não houvesse respaldo explícito do CSNU – no caso, uma resolução sob o Capítulo 7 autorizando a intervenção –, as objeções da comunidade internacional foram mínimas. Entendeu-se, de modo geral, que os Estados Unidos estavam agindo de acordo com o art. 51 da Carta, que prevê "o direito inerente de legítima defesa individual ou coletiva, no caso de ocorrer um ataque armado contra um membro das Nações Unidas". Ademais, certamente contribuiu para a aprovação tácita da ação americana o fato de que o regime talibã já se encontrava sob sanções do Conselho[24] e que, já em 1999, na Resolução nº 1.267, o Conselho reconhecera que:

> o Talibã continua a proporcionar um refúgio seguro a Osama bin Laden e a permitir-lhe e a seus associados operarem uma rede de campos de treinamento de terroristas a partir do território controlado pelo Talibã e usarem o Afeganistão como base para patrocinar operações terroristas internacionais.

Após a queda do regime talibã, as Nações Unidas passaram a se envolver mais diretamente no país. Em dezembro de 2001, por meio da Resolução nº 1.386, o Conselho de Segurança criou a Força Internacional de Assistência à Segurança (Isaf) para garantir a segurança do governo transitório, essencialmente legitimando a presença dos Estados Unidos e seus aliados no país. Em 2002, a Resolução nº 1.401 instaurou a Missão de Assistência das Nações Unidas no Afeganistão (Unama) para garantir a segurança dos membros da Organização em território afegão.

Essas duas vias – o combate ao terrorismo de forma ampla e a manutenção da presença internacional no Afeganistão – mantiveram-se presentes ao longo dos anos seguintes. Foi de especial relevo a aprovação da Resolução nº 1.540, em 2004, voltada para impedir a aquisição de armas de destruição em massa por atores não estatais. Nessa resolução, o Conselho mais uma vez se valeu do Capítulo 7 para criar obrigações vinculantes para os Estados no sentido de adotarem determinadas medidas – inclusive internas – para combater o terrorismo. A resolução foi controversa por representar, para alguns Estados, a usurpação pelo Conselho de funções que não eram suas e a utilização do Capítulo 7 como pretexto para o Conselho de Segurança adotar uma postura de "legislador internacional", à custa da autonomia e da soberania dos Estados-membros. Conforme expôs o representante permanente do Brasil junto às Nações Unidas em debate sobre o projeto que viria a se tornar a Resolução nº 1.540:

> o projeto de resolução não deveria precisar invocar o capítulo 7 da Carta, uma vez que o art. 25 da Carta estabelece que todas as decisões do Conselho de Segurança serão aceitas e implementa-

das pelos Estados-membros da Organização. Se, no entanto, for mantida a referência ao Capítulo 7, poderíamos aceitar que seu escopo de aplicação fosse limitado aos primeiros três parágrafos operativos do projeto.

Em quinto lugar, deverá ser buscada linguagem melhor no que diz respeito às obrigações contidas no segundo parágrafo operativo no sentido de que todos os Estados adotarão determinadas leis. Recomendamos fortemente que o texto leve em conta a independência dos congressos nacionais no exercício de seu poder legiferante.[25]

Enfim, dois aspectos saltam aos olhos quanto à reação do Conselho aos ataques de 11 de setembro: a disposição de aceitar a ação militar americana contra o Afeganistão como um ato de autodefesa e o sentido, expresso em resoluções como a nº 1.273 e a nº 1.540, de que a gravidade da ameaça do terrorismo justificaria que o órgão passasse a aumentar o escopo de sua ação, usando seus poderes vinculantes para instar os Estados a tomarem as medidas consideradas cabíveis.

As circunstâncias foram bastante diferentes quando da tentativa dos Estados Unidos de assegurarem patrocínio do Conselho das Nações Unidas para invadir o Iraque. Os detalhes do caso são bem conhecidos e não são diretamente relevantes para este trabalho, de modo que não se fará uma exposição pormenorizada aqui. Não houve consenso entre os membros permanentes no sentido de que o regime iraquiano fosse uma verdadeira ameaça à paz e à segurança internacionais. As tentativas dos Estados Unidos e do Reino Unido de lograr a aprovação de resolução autorizando a utilização da força contra o Iraque encontraram feroz oposição da França e da Rússia. A impossibilidade de alcançar o consenso não impediu que os Estados Unidos e seus aliados levassem adiante a invasão.

O que se seguiu foi uma suposta "crise de legitimidade" do Conselho de Segurança. Os partidários da invasão acusavam o Conselho de ter sido incapaz de agir diante de uma ameaça à segurança internacional, ficando paralisado pelas ações "irresponsáveis" de países como a França. Bush teria afirmado, sobre a tentativa de resolver a questão iraquiana no Conselho de Segurança: "chegamos à conclusão de que era impossível fazê-lo por causa dos franceses". Aqueles contrários à ação americana consideravam que o Conselho tinha sido incapaz de impedir a invasão, mostrando-se débil diante do "unilateralismo norte-americano". Essa aparente "crise de legitimidade" levou o então secretário-geral, Kofi Annan, a criar um painel de alto nível para rever o papel das Nações Unidas na manutenção da paz e da segurança.

Todavia, se por um lado houve uma "crise" gerada pela frustração com o Conselho, por outro, o episódio do Iraque serviu para reforçar a legitimidade das decisões proferidas pelo órgão. O fato de que os Estados Unidos se sentiram na obrigação (ainda que fosse política, e não jurídica) de levar a questão ao Conselho, a expectativa de todos os lados de que fosse feito algo, a demanda pelas partes de que o Conselho agisse diante da "ameaça", quer se tratasse das armas de destruição em massa iraquianas ou do unilateralismo americano, tudo isso aponta para o papel central que o órgão logrou conquistar na organização internacional.

O reconhecimento, por todos os lados, de que o Conselho é a autoridade internacional máxima (ainda que não absoluta) em matéria de paz e segurança dá ao órgão imensa influência na política internacional. Ainda que seus erros, tanto de omissão quanto de comissão, tenham frustrado muitos entusiastas do órgão, o fato é que ele permanece no centro da vida internacional contemporânea. Ainda que não disponha de efetivo poder militar ou econômico, tem legitimidade e autoridade, que lhe permitem desempenhar papel-chave no estabelecimento das regras que condicionarão a evolução da ordem internacional.

O Conselho tem, nos últimos anos, expandido aceleradamente seu escopo de atuação, tanto ao assumir funções quase legislativas, como já foi visto, no caso da Resolução nº 1.540, quanto pela interpretação cada vez mais ampla das ameaças à paz e à segurança internacionais. A discussão de temas como Aids, mulheres, crianças e mudança do clima representa uma tendência provavelmente inevitável que ampliará cada vez mais a influência do Conselho em domínios tradicionalmente distintos daquele da segurança internacional.

A ampliação do escopo de atuação é uma faca de dois gumes. Por um lado, a maior capacidade executiva do Conselho em relação a outros órgãos multilaterais significa que o tratamento de assuntos por ele pode acelerar a regulamentação multilateral de temas cruciais. É difícil negar, por exemplo, que a Resolução nº 1.540 permitiu tomar medidas muito mais céleres para combater a proliferação de armas de destruição em massa para atores não estatais do que as que teriam sido tomadas se o tema tivesse permanecido no âmbito da Assembleia Geral. Há, porém, potenciais perdas nas áreas de legitimidade, eficácia e eficiência.

Em termos de legitimidade, a Assembleia Geral toma decisões com a participação de todos os Estados-membros da Organização; já o Conselho de Segurança é composto por apenas 15 países, representando menos de 8% dos membros da Organização. Ademais, não há nenhuma garantia de que os países mais interessados ou relevantes para determinados temas farão parte do Conselho quando ele for deliberar sobre esses assuntos. Transferir competências da Assembleia para o Conselho é privilegiar um órgão menos representativo: se isso for feito de forma descomedida, poderá gerar perda de confiança nas Nações Unidas por parte daqueles países que se veem progressivamente afastados dos processos decisórios.

A eficácia das medidas tomadas pelo Conselho em temas fora de sua competência estrita também não é garantida. Os instrumentos à disposição do órgão, sua memória institucional e seus métodos de trabalho estão todos voltados para lidar com questões de segurança. Ao tratar de outros temas – por exemplo, na seara dos direitos humanos ou do desenvolvimento sustentável – tenderá a abordá-los a partir de uma ótica de segurança também, o que não levará necessariamente à melhor solução para os problemas sob exame.

Por fim, o progressivo inchamento da agenda do Conselho de Segurança faz com que o órgão tenha cada vez mais dificuldade em aprofundar-se nos conflitos internacionais que representam sua competência primária. Há uma tendência preocupante de dar tratamento quase burocrático a boa parte dos conflitos, considerando-os apenas quando da renovação das missões de paz relevantes ou da publicação de relatórios do secretário-geral sobre a situação em questão. O acompanhamento cotidiano dos conflitos tem ficado cada vez mais delegado ao Secretariado das Nações Unidas e às missões no terreno, que não possuem o poder político dos membros do Conselho. A ampliação dos temas tratados pelo órgão torna cada vez mais difícil que ele acompanhe a implementação de suas decisões.

Parece claro que em muitos casos, embora possa ser mais trabalhoso e mais demorado, certos temas devem ser tratados pela Assembleia Geral, em função de sua maior legitimidade e representatividade. No entanto, o escopo de atuação do Conselho tem crescido nas últimas duas décadas, e tudo indica que continuará crescendo, tornando o órgão cada vez mais central na organização do sistema internacional. Nesse contexto, é fácil entender o crescente clamor por uma reforma do Conselho de Segurança, que dará a mais países voz ativa no gerenciamento da ordem internacional a que pertencem. É das tentativas de efetuar essa reforma que tratará o capítulo seguinte.

Capítulo 2

Uma breve história da reforma do Conselho de Segurança

A centralidade do Conselho de Segurança para a organização do sistema internacional contemporâneo tem gerado, nos membros da comunidade internacional, um intenso interesse em influenciar os trabalhos daquele órgão. Este capítulo traçará um breve histórico das tentativas de se reformar o Conselho de Segurança, passando pelo aumento do número de membros não permanentes, que ocorreu em 1965, a substituição de membros permanentes (1971 e 1991) e as subsequentes tentativas de se reformar mais profundamente o Conselho.

Antes de tudo, é preciso analisar brevemente o conceito de reforma das Nações Unidas. A Organização está sendo reformada praticamente desde a sua criação. A reforma – entendida como uma transformação substantiva nas relações institucionais de poder ou no funcionamento ou estrutura da Organização – é um processo contínuo, que não tem começo, meio ou fim facilmente identificáveis. Essa realidade já estava clara para a delegação brasileira na Conferência de São

Francisco, que propôs, na ocasião, um mecanismo de revisão periódica da Carta.[27] A iniciativa brasileira não prosperou – possivelmente em decorrência do interesse das grandes potências da época em evitar que as Nações Unidas acompanhassem as mudanças na estrutura de poder internacional de forma muito próxima.

Pode-se, a título elucidativo, listar três tipos de reforma que ocorrem no âmbito das Nações Unidas. As primeiras são reformas "constitucionais" propriamente ditas: isto é, a criação de novos órgãos e a redistribuição de competências. São reformas positivadas (com ou, geralmente, sem emenda à Carta) que alteram a estrutura da Organização. Alguns exemplos recentes foram a criação da Comissão de Consolidação da Paz e do Conselho de Direitos Humanos, em 2005 e 2006, respectivamente; instâncias mais históricas seriam a criação e modificação das comissões da Assembleia Geral ou a expansão do número de membros do Conselho de Segurança (1965) e do Conselho Econômico e Social (1965 e 1971).

O segundo tipo de reforma é a reforma procedimental – a evolução nas regras de procedimento e métodos de trabalho das Nações Unidas. Uma leitura superficial do Repertório da Prática do Conselho de Segurança revelará como esse tipo de reforma é constante e relevante.[28] Ao longo dos trabalhos do Conselho, torna-se necessária a interpretação das disposições da Carta e das regras de procedimento pelo presidente. Essas interpretações geram precedentes que, no longo prazo, afetam o próprio funcionamento do Conselho.[29] O mesmo fenômeno se repete em diversos outros órgãos. Outros tipos de reforma procedimental são até menos explícitos, como os acordos de cavalheiros sobre a distribuição de cargos entre grupos regionais ou o "costume" de se tomarem decisões em determinados foros por consenso – ainda que, teoricamente, fosse possível recorrer à votação.

Finalmente, há as reformas conceituais. Raramente formalizadas, essas "reformas" representam a transformação das ideias sobre o funcionamento das Nações Unidas, o que acaba transformando a própria Organização. Um exemplo claro desse tipo de reforma é o surgimento do conceito de operações de manutenção da paz, que não estão previstas na Carta. Nesse caso, a reforma conceitual ensejou reformas constitucionais posteriores, principalmente a criação do Departamento de Operações de Manutenção da Paz no âmbito do Secretariado, em 1992. Outro caso evidente de reforma conceitual seria a ampliação do escopo de ação do Conselho de Segurança, detalhado no capítulo anterior, com base na interpretação abrangente do que vêm a ser a paz e a segurança internacionais.

Tudo isso visa demonstrar que a reforma das Nações Unidas não é um processo facilmente identificável, circunscrito a comitês especiais e a emendas à Carta. Trata-se de um emaranhado de processos interligados e interdependentes, parcialmente positivados, parcialmente consuetudinários. Não se pode perder de vista, portanto, que a transformação do papel do Conselho de Segurança na organização do sistema internacional – detalhado no capítulo anterior – é, por si, um processo de reforma que impulsionou, por sua vez, as tentativas de se reformar a composição do Conselho.

Até o começo dos anos 1990, o Conselho de Segurança passou por três importantes reformas constitucionais que alteraram sua composição, detalhadas a seguir: o aumento do número de membros não permanentes e as substituições de dois membros permanentes (a República da China pela República Popular da China e a União Soviética pela Federação Russa).

Nos três casos, o debate em torno das reformas propostas foi moldado pela consciência de que o papel central do Conselho no gerenciamento do sistema fazia de sua reforma um verdadeiro ajuste na ordem internacional.

A ampliação do Conselho de Segurança durante a Guerra Fria

O sistema internacional passou por uma importante transformação nas décadas de 1950 e 1960, a saber, o processo de descolonização. A relevância desse processo não decorreu apenas do aumento do número de membros da comunidade internacional ou do enfraquecimento das antigas potências coloniais: deu-se, em grande parte, por ele ter levado a uma reavaliação dos critérios de legitimidade internacional.

As nações recém-independentes da África e da Ásia, considerando que o ordenamento do sistema internacional teria, até aquele momento, sido obra essencialmente de seus antigos colonizadores, reivindicaram uma transformação na ordem, de modo que ela reconhecesse seus direitos e atendesse aos seus interesses. O grande número de novos países e o êxito que tiveram em se coordenar permitiram-lhes introduzir de forma contundente na agenda internacional temas como descolonização e justiça econômica. Desse modo, a partir da década de 1960, foros políticos tradicionalmente dominados pelas superpotências ou pelo bloco ocidental viram-se forçados a se debruçar sobre os interesses do Terceiro Mundo. Quando o chanceler brasileiro João Augusto de Araújo Castro afirmou, em seu famoso "discurso dos três dês", que "nem tudo é Este ou Oeste nas Nações Unidas de 1963" e que "o mundo possui outros pontos cardeais", ele apontava para essa nova realidade.[30] A legitimidade internacional, sobre a qual se sustentava a ordem, passava a depender também dos novos Estados afro-asiáticos.

Um aspecto importante dessa transformação foi a reivindicação de uma representação maior da África e da Ásia no Conselho de Segurança. O tema entrou em pauta pela primeira vez em 1955, quando, após o primeiro grande aumento no número de membros na Organização, alguns países latino-americanos, juntamente com a Espanha, propuseram que a Assembleia Geral discutisse a expansão do número de membros não permanentes. Todavia, a União Soviética insistiu que, antes que fosse aprovada qualquer emenda à Carta referente à expansão do Conselho, se resolvesse a questão da representação da República Popular da China na Organização, o que efetivamente inviabilizou a reforma.

Entretanto, na 15ª Assembleia Geral, os países afro-asiáticos buscaram valer-se de sua força na Assembleia Geral, onde a regra de que o voto de todos os Estados tem o mesmo peso dava a eles a capacidade de ditar, em larga medida, os termos do debate. Para esquivar a resistência soviética, propuseram que

> medidas imediatas devem ser tomadas para redistribuir os assentos existentes nos dois Conselhos, a vigorar desde a presente sessão [1960], de modo a assegurar distribuição geográfica equitativa e, em particular, refletir a composição expandida das Nações Unidas.[31]

Pela primeira vez, uma proposta de reforma do Conselho foi levada a votação. Entretanto, o projeto foi rejeitado principalmente pelos países europeus e latino-americanos, que seriam prejudicados em eventual redistribuição.

Em 1963, um grande número de países africanos e asiáticos propôs a inclusão na agenda do tema "Questão da representação equitativa no Conselho de Segurança e no Conselho Econômico e Social". Um acordo entre países africanos, asiáticos e latino-americanos permitiu que se apresentasse uma proposta de reforma pela qual o Conselho de Segurança seria expandido de modo que passasse a contar com 10 membros não permanentes.

Os membros permanentes não viam com simpatia a reforma e defendiam que eventual expansão do Conselho fosse mais modesta. O representante do Reino Unido, ao justificar a abstenção do país, afirmou que:

> Sua delegação participava do debate com plena simpatia pelo desejo da maioria avassaladora de expandir os dois Conselhos. O efeito dos projetos de resolução revistos iria, contudo, para além da posição que havia sido apresentada ao Comitê em momento anterior, e sua delegação precisaria de mais tempo do que o disponível na sessão corrente para sua avaliação.[32]

Os Estados Unidos também se abstiveram na votação, ao passo que a União Soviética e a França votaram contra. A negativa soviética foi justificada com base na questão da representação da República Popular da China, ao passo que a delegação francesa afirmou que teria votado contra "porque considerou que um estudo aprofundado das questões complexas envolvidas não teria sido possível no curto tempo disponível".[33]

Todavia, o peso do bloco afro-asiático na Assembleia permitiu que se aprovasse a proposta de emenda à Carta: em 17 de dezembro de 1963, a Assembleia Geral aprovou a Resolução nº 1.991 (XVIII), que criava quatro novos assentos não permanentes no Conselho (e, consequentemente, aumentava de sete para nove o número de votos necessários para aprovar moções). A resolução teve 97 votos a favor, 11 contra e quatro abstenções.

Dos membros permanentes, apenas a China votou a favor de emenda. Como foi dito acima, a França e a União Soviética se opuseram à ampliação, enquanto os Estados Unidos e o Reino Unido se abstiveram. Todavia, uma emenda à Carta, segundo seu art. 108, exige para sua aprovação não só o voto de dois terços da Assembleia Geral, como também sua ratificação por dois terços dos membros da assembleia, inclusive todos os membros permanentes do Conselho de Segurança. O quadro era, portanto, de uma vitória pírrica: ainda que aprovada a emenda pela Assembleia Geral, a oposição dos membros permanentes indicava que a reforma poderia ser efetivamente natimorta.

Todavia, os membros permanentes logo se deram conta do alto custo político de impedir a entrada em vigor de uma emenda que havia sido aprovada pela maioria dos Estados-membros das Nações Unidas e que se destinava a aumentar a legitimidade do principal órgão da Organização aos olhos da imensa maioria dos seus membros:

> Nesse contexto e à luz de sua competição por influência no que na época era conhecido como o "Terceiro Mundo", nem Washington nem Moscou queria ser o primeiro a se opor abertamente à crescente campanha pela expansão, independentemente de suas reais preocupações a respeito.[34]

Assim, acabaram os cinco por ratificar a emenda ainda em 1965: a União Soviética em fevereiro; o Reino Unido em junho;

e a China, a França e os Estados Unidos em agosto. A emenda entrou em vigor a partir da ratificação norte-americana em 31 de agosto de 1965. Ampliava-se o acesso dos novos Estados ao processo de gerenciamento da ordem internacional.

A substituição das Chinas no Conselho de Segurança

Desde a fundação das Nações Unidas, o assento da China em todos os seus órgãos havia sido ocupado pela República da China, representada pelo governo nacionalista de Jiang Jieshi (Chiang Kai-shek). Mesmo após a tomada do poder pelos comunistas, liderados por Mao Zedong, a proclamação da República Popular da China e a fuga das forças de Jiang Jieshi para Taiwan e o estabelecimento de um governo em exílio, em 1949, o governo nacionalista continuou sendo representado nas Nações Unidas. Os motivos disso são claros: a China havia sido incluída como membro permanente do Conselho de Segurança em grande medida para manter outro aliado americano no órgão.[35] A substituição do governo nacionalista pelo governo popular seria um rearranjo drástico no equilíbrio de forças do Conselho e privilegiaria o bloco comunista em detrimento dos Estados Unidos e seus aliados. Assim, o órgão permaneceu, por muitos anos, em situação francamente anacrônica, o que levou inclusive a União Soviética a boicotá-lo entre janeiro e agosto de 1950.

Na década de 1960, alguns países aliados à China Popular, liderados pela Albânia, passaram a entabular anualmente projeto de resolução na Assembleia Geral com vistas a reconhecer o governo comunista como representante legítimo da China nas Nações Unidas. Os Estados Unidos, porém, mostraram-se capazes de consistentemente arregimentar os votos necessários para impedir a adoção de resolução dessa natureza.

O tempo, todavia, estava a favor do governo de Mao Zedong. À medida que os novos Estados surgidos a partir do processo de descolonização ingressavam nas Nações Unidas, o equilíbrio de forças na Assembleia Geral foi-se alterando, conforme descrito na seção anterior. As nações recém-independentes eram, em sua maioria, simpáticas ao regime de Mao, particularmente à luz de sua retórica anti-imperialista e do fato de ser a China um país em desenvolvimento. Tornavase, portanto, cada vez mais desafiador para os Estados Unidos assegurar os votos necessários para manter o governo nacionalista representado nas Nações Unidas.

Dentro dos Estados Unidos houve, também, uma mudança de percepção, particularmente após a eleição de Richard Milhous Nixon à presidência, em 1968. Nixon havia construído sua carreira política primeiro como deputado e senador ferozmente anticomunista (1946-1952), e então como vice-presidente de Dwight Eisenhower (1953-1961). Ainda que nutrisse enorme antipatia pessoal pelo comunismo, Nixon era um entusiasta da política internacional e, junto com Henry Kissinger, implementou uma política que denominava "triangulação" e buscou aproximar-se da China para jogá-la contra a União Soviética.

A conjugação das transformações do sistema internacional e daquelas da política externa norte-americana criou um ambiente significativamente mais favorável ao tratamento da questão da representação da China nas Nações Unidas. Assim, no fim da 35ª Assembleia Geral, 17 Estados solicitaram que o item "Restauração dos direitos legais da República Popular da China nas Nações Unidas" fosse incluído na agenda da assembleia seguinte. Dois meses mais tarde, já no início da 26ª sessão da assembleia, foi apresentado um projeto de resolução sobre o tema com um único parágrafo operativo:

> Decide restaurar à República Popular da China todos os seus direitos e reconhecer os representantes de seu governo como os únicos representantes legítimos da China junto às Nações Unidas, bem como expulsar de imediato os representantes de Chiang Kai-shek do lugar que ocupam sem amparo legal nas Nações Unidas e em todas as organizações a elas relacionadas.[36]

Os Estados Unidos buscaram aprovar resolução alternativa, que permitisse o reconhecimento de duas Chinas como membros das Nações Unidas, mas não obtiveram êxito. Em 25 de outubro de 1971, o projeto foi aprovado e recebeu o nome de Resolução nº 2.758 (XXVI). Votaram 76 delegações a favor e 35 contra, com 17 abstenções. Todos os membros permanentes votaram a favor, com a exceção óbvia da China nacionalista. Em 23 de novembro de 1971, os delegados da República Popular da China participaram pela primeira vez das sessões das Nações Unidas.

Essa transformação foi, efetivamente, uma reforma do Conselho de Segurança, na medida em que um Estado que ocupava um assento permanente foi efetivamente substituído por outro. Não é um caso análogo à simples troca de governo de um Estado-membro, pois o que ocorreu em outubro de 1971 não foi um fato interno da China; foi a aprovação de resolução da Assembleia Geral que alterou um entendimento previamente existente acerca da composição das Nações Unidas. Se a Resolução nº 2.758 (XXVI) tivesse sido aprovada logo após a tomada de poder pelos comunistas, poder-se-ia argumentar que ela representava o simples reconhecimento de um fato político interno. Todavia, em 1971, o fato político interno já estava consolidado há longa data. A Assembleia Geral realizou, naquele momento, ajuste concreto na ordem internacional, permitido em grande parte pelo fato de que os Estados Unidos passavam a considerar que a inclusão de fato do governo da China nos processos de organização internacional era essencial para gerenciar o sistema. A Carta, todavia, não foi emendada e reconhece, até hoje, a "República da China" como membro permanente do Conselho de Segurança.

A dissolução da União Soviética e o ingresso da Rússia no Conselho de Segurança

De 1945 até o fim da Guerra Fria, a União Soviética, por força de acordo firmado com os Estados Unidos e o Reino Unido na Conferência de Ialta, tinha três assentos nas Nações Unidas: a União das Repúblicas Socialistas Soviéticas era membro da Organização, mas duas de suas repúblicas constitutivas – Bielorrússia (futura Belarus) e Ucrânia – também eram membros plenos. A situação só se alteraria com a dissolução da União Soviética, em 1991.

Em agosto de 1991, as três repúblicas bálticas – Estônia, Letônia e Lituânia – tornaram-se independentes e ingressaram nas Nações Unidas no mês seguinte. Em dezembro daquele ano, as outras ex-repúblicas soviéticas que tiveram sua independência reconhecida reuniram-se em Alma-Ata (então capital do Cazaquistão) para declarar o fim da existência da União Soviética como sujeito de direito internacional e para constituir a Comunidade dos Estados Independentes. Na Declaração de Alma-Ata, as repúblicas concordaram que deveriam apoiar a ocupação do assento da antiga União Soviética nas Nações Unidas pela Federação Russa:

> Os Estados-membros da comunidade apoiam a Rússia em sua assunção do lugar da URSS nas Nações Unidas, inclusive o assento permanente no Conselho de Segurança e outras organizações internacionais.[37]

Em 24 de dezembro de 1991, o presidente da Rússia, Boris Yeltsin, fez chegar uma carta ao secretário-geral das Nações Unidas, Javier Perez de Cuéllar, pedindo que todas as atribuições da União Soviética nas Nações Unidas fossem repassadas para a Federação Russa:

> a participação da União das Repúblicas Socialistas Soviéticas nas Nações Unidas, inclusive no Conselho de Segurança e todos os outros órgãos e organizações do sistema das Nações Unidas, está sendo continuada pela Federação Russa (...). A Federação Russa mantém *inteira responsabilidade por todos os direitos e obrigações da URSS sob a Carta das Nações Unidas*, inclusive obrigações financeiras. Solicito que o senhor considere esta carta uma confirmação das credenciais para representar a Federação Russa nos órgãos das Nações Unidas de todas as pessoas atualmente credenciadas como representantes da URSS junto às Nações Unidas.[38]

Conforme apontam Blavowkos e Bourantonis, havia um interesse direto dos membros permanentes do Conselho em fazer da sucessão russa à União Soviética um fato consumado, que não abrisse discussões mais amplas sobre a composição do órgão:

O pleito russo pelo assento permanente no Conselho de Segurança era um assunto extremamente delicado, que ameaçava abrir uma caixa de Pandora de assento permanente no órgão, uma possibilidade que estava longe de agradar, especialmente ao Reino Unido e à França. Discutir na Assembleia Geral o pleito russo por um assento no Conselho de Segurança poderia ter ensejado um debate mais amplo e posto em questão a composição do Conselho, o que explica porque "os britânicos precisavam que a questão dos membros permanentes fosse resolvida logo" (aliás, assim como os franceses). Os americanos pareciam concordar, favorecendo também uma "transferência da representação rápida e inconteste", enquanto os chineses "permaneciam de certa forma afastados da questão, mas não chegavam a ser destrutivos". De modo geral, os cinco membros permanentes temiam que deixar vago o assento soviético seria visto como um convite aberto para que outros membros avançassem suas propostas de expandir ou alterar a composição e os poderes dos membros permanentes.[39]

Para garantir uma sucessão rápida, o Reino Unido, que então presidia o Conselho, convocou uma reunião de chefes de Estado e de governo, realizada no dia 31 de janeiro de 1992. O real motivo da conferência – legitimar a ocupação de um assento permanente no Conselho de Segurança pela Federação Russa – permaneceu oculto até o momento da reunião, para evitar que surgissem previamente novos debates a respeito da reforma do órgão.

A sucessão à União Soviética foi, de certa forma, uma "não reforma", na medida em que seu objetivo principal era deixar intocados os processos de gerenciamento da ordem internacional. Todavia, ainda assim é reveladora: as artimanhas políticas utilizadas para garantir a "transição" de forma célere e com pouco debate indicam que os operadores do processo – isto é, os membros permanentes – compreendiam bem a importância da presença russa no Conselho e os potenciais anseios que tinham outros membros da Organização de dele fazerem parte.

As tentativas de reformar a composição do Conselho após a Guerra Fria

O fim da Guerra Fria transformou as discussões a respeito de possíveis mudanças na estrutura do Conselho de Segurança. À medida que o sistema internacional deixava de ser percebido pelas principais potências como um jogo de soma zero, passou-se a vislumbrar a possibilidade de reformar o Conselho de Segurança sem incorrer na oposição automática de algum dos membros permanentes. O crescente dinamismo do órgão nesse período também aguçou o interesse em sua reforma por parte de outros Estados-membros. Recorda-se que entre 1990 e 2003 o veto foi utilizado somente 12 vezes, enquanto nos 45 anos anteriores havia sido utilizado 193 vezes.[40] Participar dos trabalhos do Conselho passava a ser mais interessante à medida que ele se revelava capaz de efetivamente tomar decisões.

Dois principais grupos reivindicavam maior participação no Conselho de Segurança. O primeiro era o dos países em desenvolvimento, que consideravam sua reduzida representação no órgão uma distorção, na medida em que a maior parte dos membros das Nações Unidas – e, assinale-se, da população do planeta – se enquadrava na categoria "em desenvolvimento". O segundo grupo era composto pelo Japão e pela Alemanha, potências cujas derrotas na II Guerra Mundial haviam criado um descompasso histórico, na medida em que sua influência política se manteve, nas décadas seguintes, muito inferior ao seu poder econômico. Esses países buscavam agora corrigir esse desequilíbrio. Em 1992, Japão e Alemanha eram, respectivamente, o segundo e o terceiro maiores contribuintes ao orçamento regular das Nações Unidas e tinham arcado com boa parte dos custos da Guerra do Golfo – uma guerra, lembre-se, autorizada pelo Conselho de Segurança.

Em setembro de 1992, a Índia e 35 outros países do Movimento Não Alinhado apresentaram na Assembleia Geral um projeto de resolução pedindo a inclusão, na agenda da 48ª sessão da assembleia, de um item intitulado "Questão da representação equitativa e expansão da composição do Conselho de Segurança" e solicitando ao secretário-geral que preparasse um relatório com as sugestões dos Estados-membros sobre a reforma da composição do Conselho de Segurança. A Índia e seus aliados já haviam incluído o tema na agenda da 34ª Assembleia Geral, mas não encontraram, na ocasião, condições políticas de levar adiante o pleito. Em 1992, todavia, lograram aprovar por consenso o projeto, que se tornou a Resolução A/RES/47/62.

O relatório do secretário-geral solicitado pela Resolução A/RES/47/62 foi divulgado em 20 de julho de 1993, com a designação A/48/264. O documento revelou que, embora a maioria dos países se declarasse a favor de eventual expansão do Conselho, não havia consenso sobre o número de assentos que deveriam ser criados, sobre se deveriam ser permanentes ou não permanentes ou sobre entre quais países ou grupos regionais deveriam ser alocados.

O relatório e as subsequentes discussões levaram à adoção pela Assembleia Geral, em 3 de dezembro de 1993, da Resolução A/RES/48/26, que criou o "Grupo de Trabalho Aberto sobre a Questão da Representação Equitativa e Expansão do Conselho de Segurança e Outros Assuntos Relativos ao Conselho de Segurança". O OEWG, como veio a ser conhecido, recebeu um mandato simples: "considerar todos os aspectos da questão da expansão da composição do Conselho de Segurança e outros assuntos relativos ao Conselho de Segurança". Na prática, o grupo discutiria duas questões: uma seria a composição do Conselho, enquanto a outra envolveria seus métodos de trabalho e processos de tomada de decisão.

A reforma dos métodos de trabalho do Conselho de Segurança, embora importante, não configuraria uma mudança tão drástica na organização do sistema internacional quanto a criação de novos assentos no órgão. Havia, assim, maior flexibilidade na matéria, e lograram-se alguns progressos, como a promoção de maior transparência das atividades dos comitês de sanções; a realização periódica de reuniões com os países contribuintes de tropas para as operações de manutenção da paz; e a realização de reuniões com especialistas de fora ou representantes da sociedade civil. Ademais, reconheceu-se que a redação dos projetos de resolução e das declarações do presidente deveria ser feita de modo a permitir que todos os membros do Conselho de Segurança pudessem participar adequadamente.[41]

As atividades referentes à reforma da composição do órgão foram mais problemáticas. Ironicamente, ao longo da década de 1990, quando o uso do veto no Conselho diminuiu drasticamente, passaram a ganhar força os questionamentos acerca da legitimidade do poder de veto.[42] Defendia-se que a capacidade dos membros permanentes de bloquear qualquer decisão do Conselho, mesmo que por um único voto isolado, minava o caráter democrático do órgão.

A controvérsia em torno do veto serviu – e, em algumas arenas, ainda serve – para dificultar progressos na reforma da composição do Conselho de Segurança. Aqueles países que avaliavam que uma eventual reforma não avançaria seus interesses usavam a questão do veto para bloquear o consenso. Isso poderia ser feito de duas formas. A primeira seria insistindo em que a reforma necessariamente envolvesse a extinção ou restrição do veto – incorrendo, assim, na oposição ferrenha dos membros permanentes, cuja anuência seria necessária para qualquer emenda à Carta, conforme o art. 108 da mesma. A segunda forma seria exigindo, em nome da equidade, que eventuais novos membros permanentes também tivessem o poder de veto, inflamando tanto os críticos desse poder, que desejariam vê-lo abolido, quanto os próprios membros permanentes, que não querem vê-lo estendido a outros.

A 51ª Assembleia Geral foi presidida pelo embaixador Ismail Razali, da Malásia, que tinha especial interesse na reforma do Conselho de Segurança. Em março de 1997, Razali, que também presidia o OEWG, apresentou ao grupo de trabalho proposta para a reforma do Conselho, buscando valer-se dos trabalhos realizados pelo grupo até então para costurar um "pacote" que seria aceitável para a maior parte dos Estados-membros.[43] Essa proposta de reforma, a mais completa e detalhada apresentada até então, merece ser examinada mais a fundo.

A proposta Razali previa a criação de mais cinco assentos permanentes (a serem ocupados por dois países desenvolvidos e três países em desenvolvimento da África, da Ásia e da América Latina) e quatro não permanentes (para África, Ásia, América Latina e Europa do Leste). Os novos membros permanentes seriam eleitos pela Assembleia Geral, por maioria de dois terços.

O documento de Razali reconhecia que a maioria dos Estados-membros considerava o poder de veto "anacrônico e não democrático" e, assim, não o estendia aos novos membros permanentes. A proposta instava, ainda, os membros permanentes a restringirem o uso do veto a questões no âmbito do Capítulo 7 da Carta (embora esse dispositivo não fosse vinculante).

Como forma de amenizar resistências à reforma, Razali incluiu, em sua proposta, parágrafo estabelecendo que, 10 anos após a aprovação das emendas que ampliassem o Conselho, teria lugar uma "conferência de revisão", no âmbito do art. 109 da Carta, para apreciar a situação criada pelas emendas. Finalmente, em seu penúltimo parágrafo, o documento instava o Conselho de Segurança a adotar reformas em seus métodos de trabalho que tornassem seus procedimentos mais transparentes e listava 18 sugestões nesse sentido.

Ainda que vários países, incluindo Japão, Alemanha e Reino Unido, tivessem demonstrado apoio ao projeto, diversos outros tinham restrições. Após um período de consultas, ficou claro que o projeto não contava com o apoio necessário para ser aprovado. Não chegou, portanto, a ser levado a votação.

O movimento em torno da proposta Razali mobilizou aqueles países mais relutantes para prosseguirem com a reforma. Assim, em 23 de novembro de 1998, lograram aprovar a Resolução A/RES/53/30:

A Assembleia Geral,

Consciente do Capítulo 18 da Carta das Nações Unidas e da importância de se alcançar acordo geral conforme a Resolução nº 48/26 de 3 de dezembro de 1993, determina que não adotará qualquer resolução ou decisão sobre a questão da representação equitativa e expansão da composição do Conselho de Segurança e outros assuntos relativos ao Conselho de Segurança, sem o voto afirmativo de pelo menos dois terços dos membros da Assembleia Geral.

Garantiu-se, assim, que a reforma do Conselho de Segurança, caso fosse levada a votação na Assembleia Geral, seria considerada uma "questão importante", nos termos do §2º do art. 18 da Carta, não podendo, dessa forma, ser decidida por maioria simples.

A reforma do Conselho de Segurança no século XXI

Conforme foi apontado no capítulo anterior, a invasão do Iraque em 2003 pela coalizão liderada pelos Estados Unidos, sem autorização explícita do Conselho de Segurança, revelou as percepções divergentes dos membros das Nações Unidas acerca da segurança internacional. O secretário-geral das Nações Unidas, Kofi Annan, considerou ser o momento propício para uma reavaliação aprofundada do sistema de segurança coletiva da Organização. Para isso, em setembro de 2003, convocou um Painel de Alto Nível Sobre Ameaças, Desafios e Mudança, composto por 15 personalidades eminentes na área de política internacional, inclusive o embaixador brasileiro João Clemente Baena Soares, que havia sido secretário-geral da Organização dos Estados Americanos e secretário-geral das Relações Exteriores do Brasil. Conforme assinalaram os "termos de referência" do Painel:

O último ano abalou as bases da segurança coletiva e minou a confiança na possibilidade de respostas coletivas aos nossos problemas e desafios comuns. Também trouxe à baila profundas divergências de opinião acerca do escopo e natureza dos desafios que enfrentamos e que provavelmente enfrentaremos no futuro. O objetivo do Painel de Alto Nível sobre Ameaças, Desafios e Mudança é recomendar medidas claras e práticas para assegurar ação coletiva eficaz, com base em análise rigorosa de ameaças futuras à paz e segurança, uma avaliação da contribuição que pode dar a ação coletiva e um estudo aprofundado das abordagens, instrumentos e mecanismos existentes, *inclusive dos órgãos principais das Nações Unidas*.[44]

A questão da reforma do Conselho de Segurança certamente estava no âmbito das competências do Painel, conforme revela a citação acima. Todavia, o amplo escopo de responsabilidades outorgadas ao Painel e as controvérsias em torno da reforma faziam com que não ficasse absolutamente claro para os observadores – ou mesmo para os próprios membros do Painel – a dimensão que a reforma do Conselho teria em seus trabalhos, relativamente a outras questões:

O assunto mais importante, ao menos para aqueles que viam o processo de fora, era, previsivelmente, a reforma do Conselho de Segurança. O próprio secretário-geral havia enfatizado que "há um acordo geral no sentido de que o Conselho de Segurança, hoje, não reflete as realidades do século XXI e reflete mais ou menos a estrutura de poder de 1945, e de que o mundo mudou". Nesse sentido, defenderia que a reforma do Conselho era possivelmente um dos temas mais críticos no programa de reforma. Sobre este assunto há discordância entre os entrevistados, não apenas sobre a questão em si, mas também sobre como o Painel veio a discuti-la. Alguns argumentam – aparentemente, com amplo respaldo no discurso da "encruzilhada" – que sempre se esperava que o Painel se pronunciasse sobre a reforma do Conselho, mas que havia uma decisão consciente de discuti-la por último. (...) Outros entrevistados alegam que os membros do Painel teriam preferido não lidar com o tema, mas que a expectativa dos Estados-membros, particularmente daqueles Estados pleiteando um assento no Conselho, deixou claro na altura da terceira reunião, na Etiópia, em abril e maio de 2004, que o tema não poderia ser evitado. A questão poderia talvez empacar os trabalhos, mas teria de ser enfrentada para que o processo fosse visto como moderno e relevante.[45]

Cerca de um ano depois de o Painel ter começado os seus trabalhos, a reforma do Conselho de Segurança ganhou novo ímpeto. Às margens da 59ª Assembleia Geral, em setembro de 2004, o presidente Luiz Inácio Lula da Silva, o ministro dos Negócios Estrangeiros alemão, Joschka Fischer, o primeiro-ministro do Japão, Junichiro Koizumi, e o primeiro-ministro indiano, Manmohan Singh, lançaram o Grupo dos 4 (G-4), dedicado a promover uma reforma do Conselho de Segurança que assegurasse assentos permanentes para seus quatro países. No comunicado conjunto emitido na ocasião, os quatro países anunciaram:

O Conselho de Segurança precisa refletir as realidades da comunidade internacional no século XXI. Ele precisa ser representativo, legítimo e eficaz. É essencial que o Conselho inclua, de forma permanente, países que tenham a vontade e a capacidade de assumir responsabilidades mais significativas em relação à manutenção da paz e segurança internacionais.[46]

A criação do G-4 engendrou uma importante alteração na dinâmica política envolvendo a reforma do Conselho de Segurança. Os dois países desenvolvidos, que buscavam ingressar no órgão para equiparar sua estatura política nas Nações Unidas ao seu peso econômico, aliaram-se a dois dos maiores países em desenvolvimento cuja entrada no Conselho era reivindicada, *inter alia*, com base na necessidade de dar ao mundo em desenvolvimento voz ativa no ordenamento internacional.

Desde a formação do G-4, ficou evidente uma lacuna: a África. Embora os países do G-4 defendam a criação de assentos permanentes para a África no Conselho, nenhum país africano foi convidado a integrar o grupo. Isso derivou, em boa medida, do fato de não haver candidatos óbvios na África, como os havia na América do Sul ou na Ásia: numerosos países africanos eram considerados ou se diziam candidatos a assentos permanentes, incluindo África do Sul, Nigéria, Quênia, Egito, Senegal e até Líbia.[47] Convidar um ou dois para o G-4 seria alienar todos os outros, de modo que se optou por simplesmente apoiar a presença africana permanente no Conselho e esperar que surgisse um consenso regional sobre quais seriam os candidatos.

A criação do G-4 impeliu aqueles países que eram contra a criação de novos assentos permanentes a articularem-se mais intensamente com vistas a resistir à campanha do G-4. Entre esses países estavam Argentina, Canadá, Colômbia, Coreia do Sul, Costa Rica, Espanha, Itália, Malta, México, Paquistão, São Marino e Turquia.[48] Até mais do que no G-4, havia entre os membros do Unidos pelo Consenso — como o grupo se autointitulou — diferenças no que diz respeito a posições e interesses. Alguns se opunham à expansão por não desejarem ver seus rivais regionais ocupando assentos permanentes no órgão; outros relutavam em apoiar uma reforma que não os beneficiaria diretamente; alguns tinham dúvidas quanto à eficácia e/ou justiça da ideia de criar novos assentos permanentes. Um elemento que perpassava o discurso de praticamente todos os membros do Unidos pelo Consenso – e, também, de alguns membros permanentes, como China e Rússia – era a demanda de que só fosse aprovada uma reforma cujos termos fossem praticamente consensuais entre os membros das Nações Unidas, de modo que não bastaria arregimentar a maioria de dois terços demandada pela Carta e pela Resolução A/RES/53/30. Alegavam que tomar uma decisão por voto, em vez de unanimidade, poderia causar divisões irremediáveis na Organização – tese curiosa em se tratando de uma instituição que não se viu "irremediavelmente dividida" em 60 anos de votações. A demanda por uma decisão consensual equivalia, efetivamente, a dar a todos os membros das Nações Unidas poder de veto sobre uma eventual reforma – privilegiando, assim, a permanência da atual estrutura do Conselho.

O momento crucial seguinte no processo de reforma do Conselho de Segurança veio com a divulgação do relatório do Painel de Alto Nível, intitulado "Um mundo mais seguro: nossa responsabilidade compartilhada" (dezembro de 2004) e do subsequente relatório do secretário-geral, "Em liberdade mais ampla: rumo ao desenvolvimento, segurança e direitos humanos para todos" (março de 2005).

O relatório do Painel de Alto Nível propôs dois modelos de reforma para o Conselho. O modelo *A* previa a criação de seis assentos permanentes e três assentos não permanentes. O modelo *B* baseava-se na criação de um assento não permanente e oito assentos de uma terceira categoria, com mandato de quatro anos, passível de reeleição. Em ambos os modelos, o poder de veto continuaria restrito aos atuais cinco membros permanentes. O relatório do secretário-geral endossou ambos os modelos, sem expressar preferência por qualquer um.

Kaspersen e Leira indicam que a apresentação de dois modelos pelo Painel de Alto Nível não resultou da falta de consenso entre seus membros em torno de um único modelo, mas da percepção de que a apresentação de uma alternativa seria politicamente arriscada:

> Para a surpresa de todos, um consenso entre os membros do Painel parecia estar ao alcance. No entanto, ao contrário do que acontecia com todos os outros temas, o consenso não era considerado vantajoso nesse tema. Concordar com uma solução específica deixaria o Painel aberto a críticas ferozes de qualquer Estado que se sentisse preterido e colocaria o secretário-geral na situação impossível de ter que aceitar ou rejeitar tal recomendação. Portanto, a pedido da equipe de pesquisa, o próprio Annan compareceu à reunião, onde disse que seria aceitável haver mais de uma recomendação sobre a reforma do Conselho de Segurança.[49]

Ainda em março de 2005, finalmente foi acordada uma posição comum africana acerca da reforma do Conselho. O chamado Consenso de Ezulwini, embora concordasse em boa parte com as posições do G-4 e reivindicasse dois assentos permanentes e cinco não permanentes (inclusive os já existentes) no Conselho para a África, tinha um elemento problemático. Para a África, os novos membros permanentes deveriam ter todas as prerrogativas e privilégios dos atuais membros permanentes – inclusive o veto. Segundo o Consenso de Ezulwini, "muito embora a África se oponha ao veto por questão de princípio, considera que, enquanto ele exista, e sendo uma questão de justiça comum, deve estar disponível a todos os membros permanentes do Conselho de Segurança".[50]

Foi contra esse pano de fundo que, em 6 de julho de 2005, o G-4 apresentou à Assembleia Geral o Projeto de Resolução A/59/L.64, sobre a reforma do Conselho. Assim como a proposta Razali, o projeto previa a ampliação do número de membros do Conselho em ambas as categorias (permanentes e não permanentes). O projeto do G-4 propunha a criação de seis assentos permanentes (dois para a África, dois para a Ásia, um para a América Latina e o Caribe e outro para a "Europa ocidental e Outros")[51] e de quatro não permanentes (um para a África, um para a Ásia, um para a América Latina e o Caribe e um para a Europa oriental).

A questão do veto era tratada de forma cautelosa no projeto do G-4: ao mesmo tempo em que se estabelecia que os novos membros permanentes teriam as mesmas obrigações e responsabilidades dos originais, decidia-se que "os novos membros permanentes não exercerão o direito de veto até que a questão da extensão do direito de veto aos novos membros permanentes seja resolvida" por uma conferência de revisão a ser convocada 15 anos após a entrada em vigor da reforma. A proposta do G-4 incluiu ainda medidas referentes aos métodos de trabalho do Conselho de Segurança, em boa parte inspiradas naquelas da proposta Razali.

O projeto do G-4 contava com número expressivo de apoios, tendo sido copatrocinado por Afeganistão, Bélgica, Butão, Dinamarca, Fiji, França, Geórgia, Grécia, Haiti, Honduras, Ilhas Salomão, Islândia, Kiribati, Letônia, Maldivas, Nauru, Palau, Paraguai, Polônia, Portugal, República Tcheca, Tuvalu e Ucrânia, além dos próprios membros do grupo. Maioria significativa dos membros das Nações Unidas – cerca de 120 – havia sinalizado seu apoio ao modelo A de reforma proposto pelo Painel de Alto Nível, e os membros permanentes, ainda que não apoiassem explicitamente uma reforma nos moldes daquela proposta pelo G-4, tampouco se manifestaram diretamente contra ele (a exceção a essa posição foi a França, que copatrocinou o projeto do G-4).[52] A posição comum africana essencialmente diferia daquela do G-4 apenas ao reivindicar um assento não permanente a mais para a África e ao insistir na extensão do veto aos novos membros permanentes.

Em torno do projeto do G-4 havia uma delicada questão política: uma vez apresentado, seria necessário levá-lo a votação. Uma derrota do projeto seria catastrófica para o Grupo: seria percebida como uma derrota de toda a ideia de aumentar o número de membros em ambas as categorias, e provavelmente adiaria qualquer reforma substantiva por muitos anos.

Tornava-se, portanto, crucial a questão da África. Detendo mais de 50 votos na Assembleia Geral, o apoio do continente africano ao projeto do G-4 quase certamente garantiria o seu êxito. Na prática, 20 ou 30 países africanos já seriam capazes de virar a maré. Todavia, a atuação do Grupo Africano nas Nações Unidas tradicionalmente se pautara pela coesão, de modo que dificilmente algum país africano se dissociaria do Consenso de Ezulwini. Seria necessário efetivamente criar um novo consenso na África – algo praticamente impossível diante da determinação de alguns países de postergar uma reforma que consideravam que beneficiaria seus rivais regionais em detrimento deles.

O projeto de resolução do G-4 não foi, portanto, posto em votação – assim como não o foi o projeto apresentado pelo Unidos pelo Consenso (Projeto de Resolução A/59/L.68), que previa a criação de 10 novos assentos não permanentes e contava com apenas 12 copatrocinadores. Esperava-se, no entanto, que a Cúpula Mundial, a realizar-se de 14 a 16 de setembro de 2005, pudesse representar oportunidade de se realizar a reforma.

A Cúpula Mundial foi idealizada como momento para se implementar a maior parte das reformas propostas pelo Painel de Alto Nível e pelo secretário-geral em seus respectivos relatórios. Sendo uma reunião de chefes de Estado e de governo, ela teria ainda o valor simbólico de realizar-se no ano em que as Nações Unidas completavam 60 anos. Esperava-se que o documento final da Cúpula fosse abrangente e impactante, um marco que atualizaria as Nações Unidas para enfrentar os desafios do século XXI. Todavia, o processo de negociação do documento final foi mais complicado do que se imaginava.

Antes de tudo, é preciso ter em conta o imenso número de temas contemplados. Incluíam questões conceituais (o reconhecimento da "responsabilidade de proteger", por exemplo), questões administrativas (a reforma do Secretariado das Nações Unidas), delicados problemas políticos (a definição de "terrorismo"), a criação de novos órgãos (como a Comissão de Construção da Paz e o Conselho de Direitos Humanos) e a reforma de órgãos já existentes, como o Conselho de Segurança. Cada um dos quase 200 Estados-membros das Nações Unidas tinha uma visão própria de cada um desses temas, considerando alguns vitais, outros importantes, outros sem grande relevância e facilmente negociáveis. O processo de redação havia começado no âmbito do Secretariado, mas rapidamente passou — como não poderia deixar de ser — para os Estados-membros. Quem se encarregou de coordenar o processo foi o presidente da Assembleia Geral, o gabonês Jean Ping. A negociação foi marcada pela influência dos países em desenvolvimento (G-77) nos trabalhos da Assembleia:

> Ao longo dos últimos meses, Jean Ping e sua equipe haviam esboçado e reesboçado as várias propostas de reforma originadas com o Painel de Alto Nível e o relatório Sachs sobre desenvolvimento. Esses esboços foram produzidos em meio à cultura da Assembleia Geral, muito mais afinada com os desejos da maioria dos Estados-membros do que o Secretariado. "Ping 3", o projeto que embasou os trabalhos durante boa parte do verão, era um documento de 35 páginas que reproduzia virtualmente todas as propostas contidas no documento Sachs e propunha reposicionar as Nações Unidas como o órgão coordenador para políticas internacionais de desenvolvimento; nas áreas de direitos humanos e segurança, o projeto tratava superficialmente vários temas dos quais o G-77 não gostava e acrescentava outros obviamente inaceitáveis para os Estados Unidos.[53]

Todavia, o processo conheceu uma importante mudança com a chegada a Nova York do novo representante permanente dos Estados Unidos, o embaixador John Bolton. Bolton – figura controversa e conhecidamente cética com relação às Nações Unidas – indicou que queria recomeçar o processo de redação do documento, uma vez que considerava absolutamente inaceitável o esboço mais recente:

> Em 17 de agosto, ele apresentou uma lista de cerca de 750 emendas ao atual projeto de documento final e se recusou a permitir que se continuasse a facilitação [processo pelo qual Jean Ping estava redigindo o documento]. O processo voltou, portanto, para negociações linha por linha, em grupos sucessivamente

menores de países (...). Aqueles com visão positiva do trabalho que vinham fazendo os facilitadores em geral consideraram que a iniciativa de Bolton acabou com as chances de se obter um resultado melhor. Os céticos argumentaram que as críticas a Bolton eram injustas: ele não fez das negociações um caos, pois não estavam acontecendo negociações "reais". No entanto, ao negociar linha por linha, foram incluídos no processo todos os *spoilers* [países dispostos a afundar as negociações se não tivessem seus interesses atendidos].[54]

A partir do momento em que o documento passou a ser negociado linha por linha por todos os Estados-membros, em vez de ser redigido pelo presidente da Assembleia Geral com base nas consultas realizadas pelos seus facilitadores, tornou-se muito mais difícil alcançar um resultado final. Assistiu-se, assim, a um progressivo enfraquecimento do documento final, a tal ponto que, pouco tempo antes da Cúpula Final, não havia qualquer acordo à vista. Foi preciso, na última hora, produzir um texto, preparado secretamente por Jean Ping com os membros do Secretariado, que buscava atender aos principais interesses de todos os principais grupos e Estados que participavam da negociação. A apresentação desse texto não agradou a Bolton, conforme ele deixa claro em suas memórias do episódio.[55]

A dificuldade de se alcançar qualquer consenso e o progressivo enfraquecimento do texto do documento final tornaram claro que a Cúpula Mundial não seria capaz de reformar o Conselho de Segurança. Traub aponta uma reunião do G-4 com o secretário-geral Kofi Annan, em 10 de agosto, como o momento em que se enterraram as esperanças de que o documento final resolvesse a questão da reforma.[56] No fim das contas, o documento final apenas acordou, sobre o assunto, que:

> Apoiamos a reforma tempestiva do Conselho de Segurança – elemento essencial de nosso esforço maior de reformar as Nações Unidas –, de modo a torná-lo mais amplamente representativo, eficiente e transparente e, portanto, para aprimorar sua eficácia e a legitimidade e a implementação de suas decisões. Comprometemo-nos a continuar nossos esforços para alcançar decisão nesse sentido e solicitamos à Assembleia Geral que analise o progresso alcançado na reforma descrita acima até o fim de 2005.[57]

As tentativas de se reformar o Conselho de Segurança têm prosseguido desde então. Todavia, ao se aproximar o terceiro aniversário da Cúpula Mundial, não houve ainda um momento em que o ímpeto político para uma reforma tenha ficado tão evidente para o público quanto naquela ocasião. É significativo o fato de que os membros das Nações Unidas tenham conseguido realizar tantas outras reformas, mesmo em áreas com limitada convergência de interesses, como a arquitetura internacional de proteção e promoção dos direitos humanos, mas ainda não tenham progredido com relação à reforma do Conselho. Os poderes e as responsabilidades do Conselho são mais amplos do que os de qualquer órgão intergovernamental de abrangência global, e, nos últimos anos, a tendência tem sido de ampliação desses poderes e responsabilidades para áreas apenas tangencialmente ligadas à segurança internacional. A centralidade do Conselho na organização do sistema internacional tem-se consolidado progressivamente, de modo que a reforma de sua composição se torna uma questão cada vez mais crítica. Para aqueles países que desejam ingressar de modo permanente no Conselho, esse objetivo torna-se um prêmio cada vez mais importante. Estados que não se interessam por ingressar desse modo no Conselho ou não consideram ter condições políticas para tanto ou veem a eventual reforma de maneira cada vez mais cautelosa, por entenderem que as suas implicações podem ser ainda maiores do que imaginam em função da evolução do papel do órgão.

Mesmo com o arrefecimento do ímpeto político público por uma reforma do Conselho, o Brasil tem mantido, junto com o G-4, sua campanha por um assento permanente, com pouca ou nenhuma alteração em sua posição. É essa posição – e o pensamento que a sustenta – que será examinada a seguir.

Capítulo 3

A posição do Brasil sobre a reforma do Conselho de Segurança

No período em que se negociava a criação do Conselho de Segurança, no fim da II Guerra Mundial, os Estados Unidos aventaram a possibilidade de o Brasil integrar o Conselho como membro permanente. Na ocasião, a sugestão foi rejeitada pela União Soviética e pelo Reino Unido, e o Brasil recebeu, como "prêmio de consolação", um dos primeiros assentos não permanentes no órgão.[58] Todavia, entre 1945 e 2010, o Brasil integrou o Conselho de Segurança como membro não permanente em 10 ocasiões: nos biênios 1946/1947, 1951/1952, 1954/1955, 1963/1964, 1967/1968, 1988/1989, 1993/1994, 1998/1999, 2004/2005 e 2010/2011. Foi o Brasil, juntamente com o Japão, o país que teve mais mandatos eletivos no Conselho nesse período.

É interessante notar que, entre 1968 e 1988, houve um hiato de 20 anos em que o Brasil esteve ausente do Conselho. Ainda que não caiba aqui fazer um exame pormenorizado das razões por trás dessa ausência prolongada, torna-se importante apontar os elementos que contribuíram para ela.

Em primeiro lugar, pode-se argumentar que o debate em torno das disposições desiguais do Tratado de Não Proliferação Nuclear e a pressão internacional sobre o Brasil decorrente do agravamento da repressão política no país levaram a diplomacia brasileira a adotar uma postura internacional cada vez mais defensiva. Assim, a campanha por um assento não permanente no Conselho e os dois anos de mandato poderiam expor o Brasil de uma forma que os formuladores da política externa não desejavam.

Ademais, é sintomático que o último mandato do Brasil no Conselho na década de 1960 tenha sido marcado por uma série de eventos que revelaram a impotência do órgão diante das grandes questões internacionais da época, como a crise no Oriente Médio e a invasão da Tchecoslováquia. O ano de 1968 foi, nas palavras do embaixador Araújo Castro, representante permanente do Brasil junto às Nações Unidas, em um de seus discursos no Conselho, "um ano perturbado – um ano de agressão e um ano de poder".[59] Tornava-se claro que o Conselho de Segurança teria margem de ação progressivamente reduzida à medida que se aprofundava o processo de *détente* entre as superpotências. Ademais, a experiência brasileira no Conselho no biênio 1967/1968 revelou – talvez até mais do que mandatos anteriores – os claros limites impostos à atuação dos membros eleitos do órgão pelos membros permanentes. Discordar dos membros permanentes ou até mesmo adotar um discurso destoante acerca do papel das Nações Unidas no mundo implicava sujeitar-se a pressões políticas não desprezíveis. A impotência do Conselho e a falta de espaço político para uma atuação mais desenvolta do Brasil no órgão podem muito bem ter diminuído a disposição brasileira de pagar os custos políticos de se eleger novamente para o órgão.

Havia também o fato de que a questão da descolonização portuguesa foi, até o governo Geisel, fonte de profundo desconforto para a política exterior brasileira, gerando atritos, ora com Portugal, ora com os países africanos. Esse desconforto seria apenas agravado, caso o Brasil se visse forçado a se pronunciar ou votar sobre a matéria enquanto membro não permanente do Conselho de Segurança. Conforme escreveu em suas memórias o chanceler Ramiro Saraiva Guerreiro:

> Quando secretário-geral adjunto para organismos internacionais opus-me a que o Brasil se candidatasse ao Conselho, contra o desejo de Araújo Castro, então chefe da missão. (...) a questão das colônias portuguesas poderia ser levada ao Conselho, e eu muito receava que tomássemos uma posição de defesa e especial compreensão do colonialismo português, profundamente desgastante e contrária a nossos interesses, nesse foro reduzido em que as posições individuais são mais visíveis e alcançam maior repercussão; achava, por exemplo, que nossas atitudes na questão palestina poderiam, igualmente, criar-nos dificuldades.[60]

O Brasil apenas reavaliaria essa postura com relação ao Conselho a partir das transformações da década de 1980 – principalmente a democratização do país e o fim da Guerra Fria. A partir de então, passou a ser viável não só integrar o Conselho novamente, mas também pensar em reformá-lo.

A defesa por parte do Brasil de uma reforma do Conselho de Segurança das Nações Unidas tem-se mantido relativamente constante desde o fim da Guerra Fria. Ainda que tenha havido variações de ênfase e de táticas, a busca por um assento permanente no Conselho de Segurança parece ter-se tornado patrimônio, ainda que não inconteste, da política exterior brasileira, a despeito das mudanças de governo e de chanceler por que tem passado o país.

Este capítulo buscará analisar os argumentos do Brasil em defesa de uma reforma do Conselho. Baseando-se exclusivamente em fontes públicas, uma vez que os arquivos do período em questão ainda não estão disponíveis para consulta, procurará demonstrar a linha pela qual o Brasil tem advogado a reforma. No fundo, é possível identificar quatro importantes dimensões da posição brasileira.

A primeira dimensão diz respeito ao imperativo da reforma para a comunidade internacional, isto é, o argumento de que a reforma do Conselho de Segurança é importante para o mundo inteiro. Esse argumento é apresentado principalmente com referência à eficácia que o Conselho ganharia ao dispor de maior legitimidade, esta advinda da maior participação de países em desenvolvimento em seus trabalhos. Essa dimensão será denominada aqui o "argumento legitimador geral".

A segunda dimensão é o "argumento legitimador doméstico", que busca demonstrar por que é do interesse do Brasil que haja uma reforma do Conselho que contemple o Brasil com um assento permanente. Esse argumento serve para justificar para o público interno (que inclui, entre outros, eleitores, sociedade civil, mundo empresarial, parlamentares, Forças Armadas e outros ministérios) a campanha brasileira e os custos dela advindos.

O "argumento credencial" é a terceira dimensão, cujo propósito é demonstrar o motivo pelo qual, numa eventual reforma do Conselho de Segurança em que fossem criados novos assentos permanentes, deveria ser o Brasil a ocupar um deles, e não outro país.

Finalmente, tem-se o "argumento regional", que mistura elementos da segunda e terceira dimensões. Esse argumento tem por fim convencer os vizinhos do Brasil de que a candidatura brasileira ao Conselho de Segurança não é uma ameaça a eles; eventual elevação do Brasil à categoria de membro permanente do Conselho representaria, antes, um ganho para a região como um todo.

No final do capítulo, busca-se caracterizar os argumentos brasileiros por uma reforma do Conselho de Segurança à luz da particular leitura nacional sobre a ordem internacional e o papel do poder na constituição dessa ordem.

A eficácia pela representatividade – o argumento legitimador geral

É uma verdade inescapável da política parlamentar – e, por extensão, da diplomacia multilateral – que, para lograr obter apoio alheio, os interesses individuais devem ser apresentados como interesses da coletividade. Isso não significa que interesses diretos individuais devam ser negados, mas que a simpatia dos outros será conquistada apenas quando os objetivos perseguidos forem associados, também, ao interesse deles.

Um exemplo claro desse tipo de argumentação é a tradição norte-americana de internacionalismo liberal. Existente pelo menos desde Woodrow Wilson e talvez até desde antes, a ideia de que a promoção de valores universais como a democracia seria convergente com a consecução dos interesses comerciais e de segurança americanos representa um caso claro de articulação de um interesse particular como um interesse coletivo.[61] O uso corrente, em foros multilaterais, de termos como "liberdade", "justiça" ou "bem comum" é sintomático dessa tendência.

Não surpreende, portanto, que a diplomacia brasileira tenha buscado articular a candidatura do país a um assento permanente no Conselho de Segurança também como um interesse coletivo da comunidade internacional. O caminho geralmente seguido é apresentar a reforma acima de tudo como benéfica para o Conselho (e apenas implicitamente boa para o Brasil). Aquilo que é benéfico para o Conselho tenderia a ser, por extensão, positivo para os membros das Nações Unidas como um todo. A primeira articulação clara de um desejo brasileiro pela reforma do Conselho de Segurança na nova era que se anunciava, feita pelo presidente José Sarney perante a Assembleia Geral em 1989, seguiu claramente esse molde, sem sequer mencionar o interesse nacional em ser contemplado com um assento permanente:

> Para que a Organização das Nações Unidas, através do Conselho de Segurança, possa desempenhar o papel de relevo que dela se espera no campo da paz e da segurança internacional, impõem-se algumas alterações na estrutura e nos procedimentos do próprio Conselho. Como dar solução a questões importantes relacionadas, por exemplo, com a instituição de operações de paz e com seu financiamento, sem um reexame da adequação da própria composição do Conselho? (...) É chegado o tempo de uma reavaliação destinada a permitir que a multipolaridade atual se veja refletida no Conselho de Segurança, a fim de habilitá-lo a melhor exercer suas responsabilidades.[62]

É particularmente digna de nota a referência à multipolaridade, tema que seria retomado por outros formuladores da política exterior, particularmente pelo chanceler Celso Amorim. O termo é geralmente usado para contrastar com unipolaridade ou bipolaridade – refere-se à proliferação de polos de poder ou influência no sistema internacional. Difere, portanto, do multilateralismo: pode haver instituições e regimes multilaterais (dos quais participam vários países) em um sistema unipolar (onde o poder está concentrado em um só país). Da mesma forma, é possível imaginar um sistema multipolar – com quatro ou cinco grandes polos de poder – onde as instituições multilaterais inexistem ou são pouco utilizadas.

Voltando ao pronunciamento do presidente Sarney, cabe perceber que, a rigor, o fato (discutível) de o sistema internacional ter passado, com o fim da Guerra Fria, de uma situação de bipolaridade para multipolaridade não implicaria necessariamente mudanças na composição do Conselho, a menos que os "novos polos" fossem países que não detivessem, ainda, assento permanente no Conselho de Segurança. Se os novos polos fossem, por exemplo, China e Europa ocidental, já estariam contemplados na estrutura do Conselho. Todavia, como lembra Gelson Fonseca, a identificação dos "novos polos" não é uma tarefa fácil:

> Os polos existem, mas como não operam com a nitidez de outras situações históricas (vitória em uma guerra, por exemplo), estabelece-se a contradição entre a necessidade de ampliar a legitimidade do Conselho com o aumento do número de membros e, consequentemente, de representatividade daquela instituição, e o argumento da "igualdade jurídica" que repele qualquer critério que diga finalmente que existem diferentes, que é preciso reconhecer quais os que têm algum tipo de poder que os autorizaria a ser membros permanentes. A complexidade da definição do que é poder – dos polos, em consequência – parece reforçar politicamente o argumento jurídico da igualdade. E, ao mesmo tempo, é a própria complexidade de poder, o fato

de que se difunde em modalidades diferentes, que se regionalize, que faz com que as instituições internacionais careçam de legitimidade e precisem do reforço de representatividade, que decorreria do aumento dos membros permanentes.[63]

Fonseca levanta, portanto, outra questão importante: como pode o argumento de que é necessário expandir o número de assentos permanentes no Conselho coadunar-se com a ideia de igualdade jurídica dos Estados e com a necessidade de tornar mais justo aquele órgão?

A resposta a esse dilema parte de uma constatação acerca dos limites da ação política, isto é, do que é ou não é "realista". Escreveu o embaixador Celso Amorim, acerca do poder de veto, que "seria irrealista pensar que os membros permanentes atuais venham a abrir mão desse poder".[64] Para quem parte dessa convicção, tampouco é possível acreditar que os membros permanentes estariam dispostos a ceder os assentos cativos que têm no Conselho. Assim, é impossível que o Conselho seja transformado em um órgão que atenda integralmente aos imperativos da igualdade jurídica dos Estados – será, nesse quesito, eternamente "imperfeito".

Diante desse fato, apresentam-se duas alternativas para a reforma do Conselho. Por um lado, pode-se tentar tornar mais representativo o órgão e buscar impedir o enfraquecimento ainda maior da igualdade jurídica (não se criando, portanto, novos assentos permanentes). Por outro, pode-se reconhecer que, uma vez que a igualdade jurídica está irrecuperavelmente comprometida, a criação de novos assentos permanentes para países em desenvolvimento é o caminho mais eficaz para "democratizar" o Conselho, "de forma tal que não se agrave o desequilíbrio entre países desenvolvidos e em desenvolvimento, no processo decisório das Nações Unidas", nas palavras do embaixador Celso Amorim.[65] Assim, ainda que a criação de novos assentos permanentes possa ir de encontro ao princípio da igualdade jurídica, não os criar é "aceitar a perpetuação de desequilíbrios contrários ao espírito do multilateralismo".[66] Com a reforma, "será menos desequilibrado do que é hoje. As chances de as decisões serem, digamos, hostis aos interesses dos países em desenvolvimento serão menores".[67] O Brasil tem claramente optado pela segunda posição: se a igualdade jurídica tiver de ser necessariamente imperfeita, sua preservação não deve ser justificativa para permitir aos membros permanentes já existentes influência política desproporcional na gestão da ordem internacional. Por isso, afirmou o embaixador Lampreia em 1997 que "não devemos criar uma terceira ou uma quarta categoria de membros, porque isso enfraqueceria ou desvalorizaria a participação do mundo em desenvolvimento (...) no futuro Conselho ampliado".[68]

Nesse sentido, é particularmente ilustrativo o relatório de um *workshop* promovido em dezembro de 2003 para países recém-eleitos para o Conselho de Segurança.[69] Nesse texto, fica evidente que o desequilíbrio entre membros permanentes e não permanentes vai muito além da questão do poder de veto. Os membros permanentes dispõem de uma memória institucional do Conselho muito mais abrangente do que aquela dos membros não permanentes, além de terem desenvolvido, pela familiaridade construída com base em anos de convivência, o hábito de trabalharem constantemente em conjunto. Esse tipo de desequilíbrio só poderia ser corrigido com a criação de novos assentos permanentes com ou sem poder de veto.

Voltando à questão da multipolaridade, é importante perceber que, com o passar do tempo, ela passou a figurar de forma diferente dos argumentos sobre a reforma do Conselho. Se para Sarney a reforma consistiria em reconhecer a emergente multipolaridade, Amorim realça que a multipolaridade por si só fortalece o multilateralismo, ao dificultar o enfraquecimento do Conselho que pode derivar de uma situação de unipolaridade:

> Não desejamos nem um multipolarismo sem lastro no direito internacional, nem o multilateralismo colocado a serviço da unipolaridade. A rigor, o que se almeja é uma crescente multipolaridade com o sustentáculo jurídico-parlamentar do multilateralismo.[70]

O aspecto mais importante da defesa brasileira de uma reforma do Conselho de Segurança é a articulação entre os conceitos, por um lado, de justiça e representatividade; por outro, de eficácia e eficiência. Essa articulação faz-se necessária particularmente à luz da posição de países como os Estados Unidos, que têm argumentado que o aumento do número de membros do Conselho poderia ter um efeito deletério sobre a eficácia do órgão:

> O Conselho de Segurança tem sido um órgão efetivo e é hoje mais relevante do que nunca. Um dos primeiros princípios de reforma deve ser o de não causar dano. Uma vez que tenhamos alcançado consenso sobre os novos membros permanentes, devemos considerar alguma expansão na composição não permanente que preserve a representatividade, mas que não torne o Conselho tão grande que passe a ser ineficaz.[71]

A ligação entre representatividade e eficácia é feita principalmente por meio do argumento de que as decisões do Conselho, ao contarem com a maior legitimidade decorrente da presença de países em desenvolvimento como membros permanentes, serão cumpridas de forma mais diligente por parte dos membros das Nações Unidas. Ademais, argumenta-se que os países em desenvolvimento têm conhecimentos e percepções que faltam aos atuais membros permanentes e que podem levar a uma atuação mais eficaz por parte do Conselho. Esses dois argumentos têm sido esgrimidos de forma constante pelo Brasil ao longo dos anos, como se vê pelas citações a seguir:

> precisamos de mais estabilidade e equilíbrio no processo de tomada de decisões do Conselho. Nisto é que talvez se encontre a mais grave fragilidade da estrutura atual do Conselho, por uma excessiva rotatividade de membros não permanentes, o que reduz sua representatividade e sua legitimidade para agir em nome da ONU como um todo. Não seria hora de se considerar a reavaliação da composição do Conselho?[72]

> Entendemos que à crescente atuação do Órgão [o Conselho de Segurança] em assuntos que afetam os interesses fundamentais dos Estados-membros corresponde a necessidade de garantir sua maior representatividade e, com isso, sua legitimidade e sua eficácia.[73]

> Um aumento qualitativo do número de membros permanentes do Conselho de Segurança, juntamente com uma ampliação do número de membros não permanentes, corresponderia à necessidade de conferir-lhe maior autoridade e eficiência

no exercício de suas responsabilidades acrescidas na era pós-Guerra Fria.[74]

Com base no princípio da não discriminação, defendemos uma reforma que, ao incluir países em desenvolvimento na categoria de membros permanentes, contribua para incorporar uma amostragem mais representativa de pontos de vista ao núcleo decisório do Conselho de Segurança.[75]

O Conselho de Segurança precisa ser reformado de modo a aumentar sua legitimidade e criar bases mais sólidas para a cooperação internacional na construção de uma ordem internacional justa e estável. Deve ser parte essencial da reforma a expansão do número de membros, tanto na categoria de permanentes quanto de não permanentes.[76]

É indispensável que as decisões deste Conselho gozem de legitimidade junto à comunidade de nações como um todo. Para isso, sua – em especial no que se refere aos membros permanentes – composição não pode ser a mesma de quando a ONU foi criada há quase 60 anos.[77]

Desde o fim da Guerra Fria, o Brasil tem argumentado que a representação permanente de países em desenvolvimento no Conselho de Segurança não só atenderá a critérios de justiça e ao reconhecimento das novas realidades internacionais, como também permitirá que o Conselho desempenhe melhor suas atribuições. Defende o Brasil, portanto, que a criação de novos assentos permanentes interessa não apenas àqueles que ocuparão os referidos assentos, mas também à comunidade internacional como um todo.

A influência nos rumos da ordem – o argumento legitimador doméstico

A campanha do Brasil por um assento permanente no Conselho de Segurança envolve diversos custos. Por um lado, há os custos financeiros, tanto diretos (por exemplo, passagens e diárias para emissários especiais encarregados de realizar gestões sobre a matéria) quanto indiretos (aumento de contribuições a organizações internacionais e da cooperação bilateral com vistas a fortalecer as credenciais brasileiras para ocupar um assento permanente). Por outro lado, existem os custos políticos, muito mais difíceis de serem contabilizados: tensões geradas com países contrários à reforma e omissões causadas pelo desejo de não agravar ânimos de sustentadores da candidatura brasileira, por exemplo. Caso se aceite a visão de autores como Soares de Lima,[78] que atribuem a participação brasileira na Missão de Estabilização das Nações Unidas no Haiti (Minustah) ao desejo de fortalecer as credenciais do país para ocupar um assento permanente, a contabilização de custos financeiros e políticos será muito mais alta e incluirá, também, os custos humanos.

Este trabalho não busca avaliar a razão custo/benefício da campanha brasileira por um assento permanente no Conselho do Segurança, tanto pelo fato de essa avaliação envolver um juízo normativo que foge ao escopo da investigação quanto pela dificuldade de mensuração dos custos e ganhos políticos envolvidos. Todavia, a questão dos custos da campanha vem à tona na medida em que a política exterior conduzida sob regime democrático é sujeita à aprovação dos eleitores, como vem demonstrando a crescente saliência dos programas de política externa nas eleições presidenciais nacionais.[79] Ademais, a influência de órgãos além do Ministério das Relações Exteriores nessa campanha, como o Ministério do Planejamento (de quem depende o orçamento da política externa) e o Senado Federal (cujas atribuições em política externa incluem a aprovação de tratados – inclusive de eventual emenda à Carta das Nações Unidas), torna imperativo que se possa defender a campanha brasileira com base em ganhos para o Brasil.

É essa, portanto, a segunda dimensão do argumento: tornar o Brasil membro permanente do Conselho de Segurança trará para o país benefícios que justificarão os custos da campanha pela reforma. Esse argumento é dificultado pelo fato de que a agenda do órgão não costuma incluir assuntos de preocupação direta para o Brasil em termos de segurança. Os interesses brasileiros com relação aos assuntos debatidos pelo Conselho têm historicamente sido indiretos e difusos (mas, nem por isso, pouco importantes), e não imediatos e óbvios. Ao contrário da Índia, por exemplo, que tem estado na agenda do Conselho de Segurança desde a década de 1940, o Brasil jamais foi objeto de suas atenções. Ao contrário de potenciais candidatos africanos a assentos permanentes, o Brasil não pode apontar para um envolvimento histórico e controverso do Conselho em sua região para justificar a necessidade de estar nele representado.

Os argumentos sobre o interesse do Brasil em ser membro do Conselho têm derivado principalmente da necessidade de ter o país um papel importante na gestão da ordem internacional. Esse argumento tem sido defendido por diplomatas como o embaixador Samuel Pinheiro Guimarães, que aponta a progressiva apropriação, por parte do órgão, de competências não diretamente ligadas à segurança:

Essas novas competências poderiam ocorrer em domínios de especial interesse para os Estados sul-americanos, em especial para o Brasil, tais como a ecologia, os direitos humanos e as comunidades indígenas. Caso as políticas de Estados sul-americanos viessem a ser consideradas eventualmente pelo Conselho como violadoras das normas que resultassem das novas competências, os Estados seriam considerados como violadores ou ameaçadores da paz e poderiam sofrer sanções de diversos tipos, inclusive de natureza econômica. (...) Assim, a eventual não inclusão do Brasil como membro permanente no Conselho de Segurança das Nações Unidas representa a principal e extraordinária ameaça potencial [para o país], ainda que hoje não seja assim percebida com clareza pelas elites civis e pelas próprias elites militares, na medida em que o processo de ampliação de competência se faz de forma gradual, informal e discreta, sem modificação e sem um debate maior sobre os artigos da Carta das Nações Unidas.[80]

Análise cuidadosa das afirmativas de Pinheiro Guimarães revela que sua preocupação com as ameaças apresentadas pelo Conselho de Segurança é, no fim das contas, elaboração de um argumento mais simples: o Brasil deve participar da gestão da ordem para impedir que ela seja organizada de forma atentatória aos interesses nacionais. Converge, assim, com as afirmações do presidente Fernando Henrique Cardoso acerca da democratização das relações internacionais em face da incapacidade dos processos de globalização de prover os benefícios esperados para os países em desenvolvimento:

Há um mal-estar indisfarçável no processo de globalização. (...) a globalização tem ficado aquém de suas promessas. (...) Como todos aqueles que pregam a democratização das relações internacionais, o Brasil reclama a ampliação do Conselho de Segurança e considera ato de bom senso a inclusão, na categoria de membros permanentes, daqueles países em desenvolvimento com credenciais para exercer as responsabilidades que a eles impõe o mundo de hoje. Como considera inerente à lógica das atuais transformações internacionais a expansão do G-7 ou G-8. Já não faz sentido circunscrever a um grupo tão restrito de países a discussão dos temas que têm a ver com a globalização e que incidem forçosamente na vida política e econômica dos países emergentes.[81]

A ideia de que o Brasil deve buscar influenciar na forma da ordem internacional não é uma inovação. Já na década de 1960, com a política externa independente, passou a existir a consciência de que o Brasil tinha interesse em participar do gerenciamento da ordem internacional para impedir que ela fosse gerida contra ele, por assim dizer. Este ponto será retomado mais adiante.

Sustentáculos da candidatura – o argumento credencial

Defender a reforma do Conselho de Segurança e a inclusão de países em desenvolvimento como membros permanentes do órgão é a primeira parte da posição brasileira; indicar o porquê desse interesse do Brasil é a segunda. A terceira parte é argumentar por que deve o Brasil, e não outro país, integrar o Conselho como membro permanente. Para isso, o Brasil tem reiteradamente e em diversos fóruns listado suas credenciais para ocupar o assento pretendido. A lista arrolada por Celso Amorim na revista *Política Externa*, em 1995, a despeito de serem alguns dados já ultrapassados, permanece como um registro razoavelmente completo dessas credenciais quase 15 anos depois:

somos signatários originais da Carta das Nações Unidas;

desenvolvemos uma política externa ativa e construtiva, com história impecável de apoio à cooperação internacional e à solução pacífica de controvérsias;

contribuímos tradicionalmente para as atividades de manutenção da paz e da segurança, tanto mediante participação em operação de manutenção da paz, quanto promovendo e apoiando esforços de mediação política para os conflitos, no âmbito das Nações Unidas e no âmbito regional;

somos o quinto maior país do mundo em população, o quinto maior território e a nona maior economia;

demos contribuição histórica e universalmente reconhecida à definição de princípios, acolhidos na Carta, que norteiam as Nações Unidas, e trabalhamos ativamente para a consecução dos propósitos da Organização, desenvolvendo uma participação ativa e construtiva em todos os foros relevantes. Tal foi o caso, por exemplo, da ação brasileira nos órgãos da ONU voltados para o desenvolvimento, como a Unctad e a Unido. Nossa tradição na diplomacia multilateral confere ao país elevado conceito regional e global;

somos o 11º maior contribuinte para o orçamento regular da Organização e o primeiro entre os países em desenvolvimento.

A contribuição brasileira supera a da China e as da Argentina e México somadas;

em nosso relacionamento regional, mantemos, há mais de 120 anos, relações de paz ininterrupta com todos os nossos 10 vizinhos, ao longo de mais de 16 mil quilômetros de fronteiras (as quais foram, de resto, definidas por negociação diplomática). Não há no mundo outro país com desempenho semelhante;

somos um país-chave na consolidação da América do Sul como a região menos armada do planeta, livre de tensões ou ameaças, que se afirma como polo de irradiação de estabilidade política, paz e progresso;

construímos uma moldura de cooperação produtiva com os vizinhos mais próximos, o que se evidencia no Tratado da Bacia do Prata, no Tratado de Cooperação Amazônica, no Mercosul, na Alcsa, entre outros;

projetamos nossa atividade diplomática em outros continentes, notadamente a África, sempre em favor da paz e da não proliferação, como no caso da Zona de Paz e Cooperação do Atlântico Sul (ZPCAS), bem como da expressão cultural, caso da Comunidade dos Países de Língua Portuguesa (CPLP);

temos trânsito fluido, com capacidade de articular consensos junto a todos os grupos de países, dentro e fora da Organização, conforme patenteou a nossa atuação na Rio-92, na Convenção de Viena sobre Direitos Humanos, nas negociações da Rodada Uruguai;

a formação do país é exemplo da convivência harmoniosa multiétnica, multicultural e multiconfessional;

em termos militares, o Brasil é um dos países que menos gasta com defesa em todo o mundo: alocamos menos de 1% do PIB a gastos militares;

temos atuação destacada, e apreciada internacionalmente, em favor da eliminação e da não proliferação das armas de destruição em massa em todas as suas formas;

a sociedade brasileira constitui um sistema de governo plenamente democrático e uma economia de mercado de pujança incontestável;

por todas essas razões, o Brasil constitui um país cuja contribuição não pode ser menosprezada na construção de uma ordem internacional mais pacífica e equilibrada.[82]

Alguns dos elementos dessa lista merecem exame mais detido. Talvez o primeiro que salte aos olhos seja o 13º ponto. Ao pleitear ser incluído em uma categoria da qual todos os atuais membros são potências nucleares e, também, potências de grande envergadura militar, o argumento de que "o Brasil é um dos países que menos gasta com defesa" parece um contrassenso. Aparenta, também, ir na contramão da afirmação de que a capacidade de contribuir para operações de manutenção da paz constitui credencial para a candidatura brasileira.

No entanto, essa afirmativa traz consigo um sentido mais profundo: se a reforma do Conselho se pretende realmente transformadora e se ela deve sustentar-se em um incremento de legitimidade, inexiste necessidade de que seus membros permanentes sejam potências militares. Ao contrário, busca-se "garantir que a imposição da ordem internacional pelo Conselho de Segurança seja fundada na justiça – e não apenas no poder".[83] Exigir que os membros permanentes do principal órgão gestor da ordem internacional sejam potências bélicas de porte é tacitamente subscrever a máxima segundo a qual a força faz o direito. Arrolar o desinteresse em ser potência bélica como credencial para integrar permanentemente o Conselho de Segurança é, ao contrário, afirmar que não só da força se faz o direito – salientando a verdadeira dimensão qualitativa da reforma defendida pelo Brasil.[84]

É interessante realçar, também, como o Brasil tem enfatizado a abrangência e postura ativa de sua diplomacia. O país dispõe de uma rede de representações diplomáticas igualada por poucas entre os países em desenvolvimento e tem na diplomacia uma de suas carreiras de Estado mais institucionalizadas.[85] O argumento de ter "tanto capacidade de atuação quanto presença efetiva em escala global", avançado pelo embaixador Luís Felipe Lampreia,[86] serve para distinguir o Brasil de outros países em desenvolvimento cuja esfera de atuação é mais limitada – por exemplo, ao plano regional ou continental. É nesse sentido que se devem entender referências como aquela do presidente Lula à "nossa *atuação* na promoção dos interesses dos países em desenvolvimento",[87] ou aquela em que o embaixador Celso Amorim afirma que

> há no mundo em desenvolvimento países de *sólida reputação diplomática* e que, por seu *peso político*, econômico e demográfico estariam igualmente qualificados a integrar o CSNU como

membros permanentes. Na realidade, em função de muitos fatores, esses países têm mesmo *um perfil de maior independência* e estão habilitados a *atuar, por vezes, com mais influência* no processo de decisões do Conselho de Segurança.[88]

É interessante, também, perceber que a lista de credenciais apresentada por Amorim tem um forte viés histórico. Faz-se referência, entre outras coisas, ao fato de o Brasil ser signatário original da Carta, ter "história de apoio à cooperação internacional e à solução pacífica de controvérsias", contribuir "tradicionalmente" para as atividades de manutenção da paz e da segurança, ter dado "contribuição histórica" à definição dos princípios das Nações Unidas, ter "uma tradição na diplomacia multilateral" e manter, "há mais de 120 anos, relações de paz ininterrupta" com os vizinhos. Essa ênfase não é acidental: busca indicar que as credenciais brasileiras são estáveis, talvez até perenes, afirmadas na continuidade da política exterior do país – fator de orgulho para o Itamaraty.[89] Sugere que a importância do Brasil não irá se esvair com o tempo, mas se manterá. Foi com esse mesmo propósito que lembrou o presidente Lula que "o Brasil já era para estar [no Conselho de Segurança da ONU] desde 1945, quando foi criada a ONU".[90]

Nação em prol do continente – o argumento regional

Os argumentos brasileiros em prol de sua candidatura têm-se beneficiado da tradição das Nações Unidas como um todo e do Conselho de Segurança em particular de repartir vagas com base em grupos geográficos. Assim, a questão não chega a contrapor a candidatura brasileira à candidatura indiana, por exemplo. Uma possível disputa do Brasil por uma vaga em um futuro Conselho ampliado seria com outros países da América Latina – particularmente com a Argentina e o México. Assim, a política externa brasileira tem dado especial atenção ao argumento de que eventual assento permanente brasileiro não viria à custa do equilíbrio regional, mas em benefício de toda a América Latina.

Em primeiro lugar, ao mesmo tempo em que afugenta a possibilidade de um "assento permanente regional", o Brasil tem buscado indicar que daria voz aos anseios da região, caso fosse contemplado com assento permanente do Conselho de Segurança. A distinção entre estar presente no Conselho em sua capacidade nacional e agir nele em nome da região fica clara na escolha de palavras do embaixador Luiz Felipe Lampreia em seu discurso no Debate Geral da 52ª Assembleia Geral:

> O Brasil (...) já se manifestou pronto a aceitar as responsabilidades decorrentes da condição de membro permanente do Conselho de Segurança, se a isso for chamado pela comunidade internacional. Nesse caso, o Brasil está determinado a desempenhar a função de membro permanente em representação da América Latina e do Caribe. Queremos que a nossa região não apenas esteja presente no Conselho de Segurança em caráter permanente, mas que, por meio de uma ampla coordenação e consulta, sua voz tenha ainda maior amplitude.[91]

O presidente Lula afirmou, em sentido semelhante, que

> O Brasil está pronto a dar a sua contribuição. Não para defender uma concepção exclusivista da segurança internacional. Mas para refletir as percepções e os anseios de um continente

que hoje se distingue pela convivência harmoniosa e constitui um fator de estabilidade mundial.[92]

A citação do presidente Lula traz à tona outra dimensão do argumento regionalista, a saber, que o Brasil representará a América Latina por ser portador de uma tradição regional de pacifismo e respeito ao direito internacional. Amorim enfatizou esse ponto em seu discurso à Assembleia Geral nove anos antes, quando citou declaração do Grupo do Rio de 1994, que enunciava que, "por sua tradição jurídica e contribuição à causa da paz, a região da América Latina e do Caribe deve estar contemplada em qualquer ampliação do Conselho". Importa dizer que a ênfase no compartilhamento de uma tradição pacífica e de respeito ao direito internacional é relevante não apenas por indicar proximidade entre o Brasil e o resto do continente, como também para realçar a visão brasileira de que as relações entre os países do hemisfério se dão com base na concórdia e no diálogo, e não no poder. Diminui-se, dessa forma, a percepção de que eventual assento permanente brasileiro constituiria um desequilíbrio de poder.

Outro elemento importante no argumento regional é a indicação de ameaças compartilhadas. Na medida em que o Brasil e outros países da região estão sujeitos a ameaças semelhantes, a ação brasileira no Conselho contra essas ameaças beneficiaria não apenas o país, mas toda a região. O embaixador Samuel Pinheiro Guimarães defende esse argumento com ênfase na região do Mercosul e, portanto, na Argentina – entre os países da região relutantes com relação à candidatura brasileira:

A competência do Conselho de Segurança será expandida, de maneira gradual e informal, para incluir tópicos de grande interesse para o Brasil, a Argentina e o Mercosul, como meio ambiente, drogas, terrorismo, regimes políticos, pobreza. O Conselho se tornará o centro da governança global, qualquer que seja o nome a ser dado a essa estrutura mundial de poder informal. A reforma do Conselho será uma oportunidade única de consolidar o papel político do Mercosul e de permitir uma defesa efetiva de seus interesses. Brasil e Argentina têm de coordenar ativamente suas políticas para esse fim. A capacidade, o poder e a influência da região para atuar em todas as questões internacionais dependerão da participação permanente no Conselho de Segurança das Nações Unidas. Essa participação permitirá à região e ao Mercosul melhor defender e promover seus interesses em todos os mecanismos internacionais importantes de coordenação do sistema mundial. Esse esforço não pode ser visto como uma estratégia competitiva entre Brasil e Argentina, pois essa atitude política e psíquica somente enfraquecerá ambos os países dentro de cada sistema político nacional, no âmbito regional e mundial, e estimulará os Estados que, não desejando a união da América do Sul, atiçarão rivalidades.[93]

A ideia por trás do argumento regional não é de que este será capaz, por si só, de persuadir os outros países da região a apoiarem o pleito brasileiro. O argumento do Brasil visa demonstrar consciência das dificuldades políticas, inclusive domésticas, que seus vizinhos poderão ter em ver o predomínio regional do Brasil reconhecido internacionalmente e, de certa forma, fortalecido. Indica, dessa forma, uma disposição ao diálogo e à concertação que poderá servir para tranquilizar alguns dos outros países da região – embora dificilmente seja capaz de eliminar todas as resistências e temores em relação à sua candidatura. Em termos do quadro parlamentar necessário para aprovar a reforma, é preciso lembrar que a candidatura brasileira não depende de um apoio unânime da América Latina. Ainda que uma oposição enérgica e constante da maior parte do continente à sua candidatura possa configurar uma dificuldade política de monta, a oposição – ainda que acirrada – de alguns poucos países da região à candidatura brasileira ou à reforma do Conselho de Segurança como um todo não será capaz de impedir o andamento do processo, uma vez que sejam equacionadas as outras questões, como a posição da África.

A política externa brasileira e a compreensão da ordem internacional

A decisão brasileira de pleitear um assento permanente no Conselho de Segurança das Nações Unidas não foi nem inevitável, nem mero fruto do acaso. Por um lado, há outros países de porte e/ou presença diplomática comparáveis aos do Brasil que não empreenderam campanha semelhante, como o Canadá ou o México, por exemplo. Por outro, a consistência do discurso diplomático brasileiro acerca desse tema nas últimas duas décadas desautoriza a hipótese de que a busca pelo assento permanente tenha sido mera decisão inconsequente de determinado governo; tem sido, de modo geral, respaldada por todos os governos brasileiros nesse período. Fica a pergunta, então: por que o Brasil tomou a decisão de empreender tantos esforços pela conquista de um assento permanente no Conselho de Segurança?

Por um lado, os argumentos descritos anteriormente neste capítulo já respondem a essa pergunta – para tornar o Conselho mais representativo e eficaz, para proteger o país de futuras ameaças, para poder moldar uma ordem internacional mais favorável aos interesses nacionais e regionais. Todavia, há um fator mais profundo que sustenta esses argumentos: a visão brasileira da organização do sistema internacional.

De certa forma, a campanha por um assento permanente de um país como a Índia, que é uma potência nuclear, parece ser mais compreensível do que aquela de um país como o Brasil. A política externa indiana pode ser descrita como uma busca de poder, em que o desenvolvimento do poderio nuclear, o incentivo à pesquisa e desenvolvimento tecnológico e a busca de um lugar fixo no Conselho de Segurança são caminhos para alcançar esse objetivo. O que chama a atenção, no caso do Brasil, é ser uma campanha empreendida por um país que parece, à primeira vista, muito menos afeito do que a Índia à busca do poder. Os gastos do Estado brasileiro com as Forças Armadas, o tamanho de seu efetivo e o estado de seu aparelhamento não são aqueles de um país que almeja o poder, conforme tradicionalmente entendido. Tampouco tem o Brasil demonstrado desejo de se tornar um dos principais contribuintes de tropas para operações de manutenção da paz das Nações Unidas – o que seria uma visão diferenciada, mas ainda militar, de poder. No fim de 2009, o Brasil era o 19º maior contribuinte de tropas para as Nações Unidas, com 1.344 efetivos em campo. Só a título de comparação, o Paquistão era o maior contribuinte (10.764 efetivos em campo), o Egito, o quinto (5.155 efetivos em campo), e o Uruguai, o 10º (2.513 efetivos em campo).[94]

O que explica, então, o descompasso entre a busca brasileira por poder no sentido jurídico-institucional de um assento permanente no Conselho de Segurança e o aparente desinteresse em aumentar seu poderio material ou militar?

Novamente, a resposta está na visão brasileira da ordem internacional.

Se por um lado a temática da desigualdade de poder esteve presente na política exterior brasileira praticamente desde seus primórdios, por outro, a ideia de que o Brasil poderia ou deveria exercer alguma influência na organização e no gerenciamento da ordem internacional apareceu de forma muito mais inconsistente e esporádica. Isso decorreu, em parte, da conjunção da própria percepção da desigualdade de poder com a forma dos mecanismos de gerenciamento da ordem internacional até meados do século XX. Antes das conferências de São Francisco e Bretton Woods, que inauguraram uma verdadeira nova fase, a possibilidade de discutir as bases do ordenamento internacional esteve em larga medida restrita às cúpulas das grandes potências. Às potências menores era dado participar apenas em grandes conferências pontuais, como aquelas de Haia (1899 e 1907) e de Paris (1919), por exemplo. Mesmo nessas conferências, a participação das grandes potências e das potências menores costumava dar-se em termos distintos.

Ao longo do século XIX, portanto, e durante a primeira parte do século XX, o Brasil considerava que as assimetrias de poder no nível internacional o reduziam a um papel muito mais de objeto do que de sujeito da organização internacional. Houve, no entanto, alguns episódios nos quais oportunidade e disposição convergiram de modo a permitir que o Brasil buscasse influenciar na forma da ordem internacional.

O primeiro desses episódios foi a Conferência de Haia de 1907, que teve como uma de suas mais importantes tarefas a criação de uma corte internacional de justiça. A Alemanha, os Estados Unidos e a Grã-Bretanha propuseram a criação de uma corte de 17 membros, na qual nove países – no caso, as grandes potências – deteriam assento permanente. Essa ideia implicava a rotatividade dos assentos restantes entre os outros Estados, por um período especificado pela categoria em que os países fossem classificados.[95]

Rui Barbosa, representante do Brasil na conferência, posicionou-se contra a proposta diante da inferioridade atribuída ao Brasil no rodízio, estando o país classificado na terceira categoria, abaixo de Estados europeus menores. Diante dessa tentativa de hierarquizar as nações, Rui Barbosa empreendeu árdua defesa da proposta de que a nova corte tivesse por base o princípio da igualdade soberana dos Estados.

Poucos anos depois, oportunidade para semelhante defesa de uma ordem internacional fundada na igualdade dos Estados surgiu na Conferência de Paris, que elaborou o Tratado de Versalhes. Lá, a ativa participação brasileira concentrou-se principalmente na distinção que havia sido estabelecida entre as potências de "interesses gerais" e aquelas de "interesses limitados". A terminologia é reveladora: ao passo que as grandes potências teriam interesses gerais, isto é, na ordem como um todo, as menores teriam (por esse raciocínio) interesses limitados a questões específicas – no caso do Brasil, "o pagamento pela Alemanha de depósitos relativos à venda de café do estado de São Paulo no início da guerra e a questão da propriedade dos navios que haviam sido alemães, apreendidos em portos brasileiros".[96]

Ao longo da conferência, o Brasil ensaiou uma série de argumentos visando desfazer essa distinção. Reivindicou a participação das potências menores em todas as comissões e sessões, e não apenas naquelas em que seus interesses diretos estivessem em questão; pressionou para que potências menores pudessem ter maior participação na comissão que elaboraria o Pacto da Liga das Nações e buscou garantir que todos os integrantes da Liga tivessem assento permanente em seu Conselho.[97] Em algumas dessas questões, obteve êxito; em várias outras, não.

O que esses dois momentos – Haia e Paris – têm em comum é que, em ambos, o Brasil se viu em um foro onde teve oportunidade de pronunciar-se sobre a natureza da ordem internacional e o fez no sentido de defender uma ordem caracterizada pelo reconhecimento da igualdade jurídica dos Estados, e não das desigualdades de poder entre eles. Todavia, em nenhum dos dois casos se imaginou que haveria uma possibilidade concreta de o Brasil encontrar uma posição que lhe permitisse opinar e influenciar de forma constante sobre a forma da ordem e seu gerenciamento.

Mesmo quando surgiu, na década de 1920, a ideia de o Brasil pleitear um assento permanente no Conselho da Liga das Nações, não parece ter-se firmado de forma clara no imaginário dos formuladores da política externa a ideia de que o país poderia, por meio desse assento, exercer algum tipo de efeito transformador sobre a ordem. Conforme aponta Vargas Garcia, a campanha brasileira por um assento permanente no Conselho da Liga visava "garantir a conservação do Brasil no órgão de cúpula da Liga em uma situação de igualdade em relação às grandes potências (...) e explorar politicamente essa conquista para angariar apoio interno".[98] Mesmo a situação de igualdade com as grandes potências era enxergada em termos da "dignidade nacional" e do prestígio relativo do Brasil no continente americano, e não da oportunidade de participar de decisões que efetivamente teriam algum impacto nas fortunas do país.

Em São Francisco e Bretton Woods, o Brasil pôde se imiscuir, mais uma vez, na reconstrução da ordem internacional após um cataclismo bélico. Foi, todavia, apenas em fins da década de 1950, quando o advento do Movimento Não Alinhado anunciava o fim da era da bipolaridade rígida e o consequente surgimento de um importante "espaço para criação" nas relações internacionais, que se modificou sensivelmente a percepção brasileira acerca de suas possibilidades de participação no gerenciamento da ordem internacional.

A mudança na percepção brasileira teve seu momento mais acelerado no início dos anos 1960, no período conhecido como a "política externa independente". Não cabe, aqui, fazer um estudo pormenorizado dos debates e dos vários pensadores que influenciaram a política externa no período. Pode-se tomar como figura paradigmática da época o embaixador João Augusto de Araújo Castro, último chanceler do governo João Goulart e mais tarde representante permanente na ONU e embaixador em Washington. Chegando aos altos escalões da carreira diplomática no momento em que a industrialização brasileira e o enfraquecimento da bipolaridade rígida abriam novas frentes para o tratamento daquelas duas questões (poder e ordem) pelo Brasil, ele ligou os dois conceitos de uma forma absolutamente inovadora no repertório da política externa do Brasil.

A industrialização do Brasil – particularmente a partir do governo Kubitschek – transformou a visão que os formuladores da política externa tinham do país. Essa nova percepção – de que o Brasil poderia ter um papel maior do que tinha tido desde a independência, de que poderia exercer influência na ordem internacional – foi bem resumida por Castro:

Nenhum país escapa a seu destino e, feliz ou infelizmente, o Brasil está condenado à grandeza. (...) O nacionalismo não é para nós uma atitude de isolamento, de prevenção ou de hostilidade. É, ao contrário, uma grande vontade de participação internacional. É um esforço para colocar o Brasil no mundo, mediante a utilização de todos os meios e com o concurso de todos os países que queiram colaborar conosco no equacionamento e solução dos problemas mundiais.[99]

A "grandeza" do Brasil não se traduziria, necessariamente, em poder bélico ou capacidade e projeção de poder junto aos vizinhos (embora os escritos dos chamados "geopolíticos" – dos quais o mais conhecido foi o general Golbery do Couto e Silva – se aproximassem dessa visão). Para uma forte corrente de pensamento no Itamaraty, liderada por Araújo Castro, o grande objetivo do Brasil era o desenvolvimento econômico, que dependeria, por sua vez, de circunstâncias internacionais favoráveis. Dessa forma, o problema a ser enfrentado pelo Brasil não eram as desigualdades de poder em termos de capacidade material – forças convencionais ou posse de armas nucleares –, mas sim as desigualdades de poder em termos de influência na ordem, pois aqueles que ditavam as regras poderiam ditá-las de modo a cercear o desenvolvimento econômico dos menos poderosos. Perdia força a ideia vigente até então de que a distância que separava o Brasil das grandes potências fosse instransponível ou perene por definição. Araújo Castro e outros diplomatas de sua geração enxergavam, contudo, um esforço consciente dessas grandes potências para preservarem esse hiato por meio do seu gerenciamento da ordem internacional, "congelando" a distribuição do poder mundial.

Naquele momento, os cenários institucionais onde se organizava o sistema internacional eram muito mais aparentes do que haviam sido no tempo do visconde de Abaeté ou de Getúlio Vargas. Nos foros multilaterais, como a Assembleia Geral, o Conselho de Segurança e outros órgãos das Nações Unidas, debatiam-se diariamente as normas e os critérios de legitimidade da ordem internacional. Os próceres da "política externa independente" advogavam, portanto, que o Brasil não deveria deixar-se impressionar pelas desigualdades de poder material entre ele e as grandes potências: deveria participar da forma mais ativa possível dos debates sobre a ordem internacional, pois o verdadeiro poder estaria em moldar as regras para que fossem conducentes ao desenvolvimento nacional e, portanto, à ampliação das capacidades materiais do país. Poderia, assim, o Brasil buscar garantir seus interesses materiais por meio da influência na ordem internacional.

A aparente simplicidade desse argumento oculta sua importância. Antigamente, o Brasil se via como país sujeitado às realidades da desigualdade do poder. A escassez de poder implicava a incapacidade relativa de influir na ordem internacional. Castro apresentava outra perspectiva: a capacidade de influenciar a ordem – que depende, antes de tudo, de "nossa mentalidade ou psicologia internacional" – é que estabelecerá a possibilidade de minorar as desigualdades materiais entre os Estados. O Brasil deveria, portanto, passar a buscar o poder no âmbito das instituições multilaterais onde se gerencia a ordem, como a Assembleia Geral e o Conselho de Segurança.

Se essa percepção foi mais ou menos aceita pelos vários governos do período militar, jamais foi totalmente extinta. Estava semeada a ideia de que o Brasil poderia e deveria defender seus interesses diretos por meio de uma participação abrangente no gerenciamento internacional e ela voltou a se manifestar de várias formas e em vários momentos nas décadas seguintes.

Com a queda do muro de Berlim e o fim da Guerra Fria, abriu-se — assim como nos anos 1950 — um novo "espaço de criação" nas relações internacionais, isto é, uma flexibilidade política que poderia ser aproveitada para fazer ajustes — intencionais ou não, positivados ou não — na organização do sistema internacional. O Brasil não reagiu de forma perfeitamente consistente e consciente a essa nova realidade. Emergindo, ele também, de um processo de transformação, após 20 anos de regime militar, os primeiros passos do Brasil na *terra incognita* que se abria à sua frente foram incertos e até, em alguns momentos, claudicantes.

Todavia, em todas as decisões que se tomavam sobre questões específicas, algumas concepções básicas sobre o funcionamento da política internacional persistiam no imaginário coletivo dos formuladores da política externa brasileira. Nem sempre fáceis de interpretar ou de aplicar, nem sempre aceitas como relevantes após tantas transformações, elas ainda assim se fizeram sentir, particularmente após um período inicial de transição política (até, talvez, o início do governo do presidente Fernando Henrique Cardoso). Uma dessas concepções ou normas de orientação da ação brasileira era a ideia de que, para garantir os seus interesses concretos, o Brasil teria de se empenhar para moldar uma ordem internacional que não o prejudicasse. Nem sempre houve clareza sobre os contornos exatos da ordem preferida pelo Brasil, mas havia um consenso de que o país teria de conquistar o espaço político e institucional para poder participar do processo de gerenciamento da ordem.

Durante a Guerra Fria, essa norma havia sido expressa principalmente por meio da participação ativa do país em debates sobre questões que, embora não fossem de grande importância na superfície, eram relevantes para a organização do sistema internacional de forma mais abrangente. Todavia, no novo ambiente internacional, desprovido dos efeitos políticos da bipolaridade, vislumbrava-se uma possibilidade muito mais ambiciosa: a reforma do Conselho de Segurança das Nações Unidas, de modo a assegurar ao Brasil um assento permanente no órgão. Essa perspectiva tornava-se muito mais atraente – e muito mais urgente – à medida que o novo ambiente internacional permitia ao Conselho progressivamente consolidar seus poderes e ampliar as suas competências, levando-o a influir cada vez mais em áreas de interesse direto para o Brasil, como a proteção do meio ambiente.

Por isso, desde 1989, o Brasil tem, com variados graus de empenho, empreendido uma campanha para obter um assento permanente no Conselho de Segurança. Nesse período, cada governo emprestou sua visão e suas preferências ao processo. Todavia, o exame do discurso brasileiro ao longo desse período revela importantes consistências, resultantes do fato de a campanha ser menos uma iniciativa política isolada e mais a manifestação de uma norma profundamente internalizada pela diplomacia brasileira acerca de como o país se deve portar diante dos processos de organização internacional. É, nas palavras de Araújo Castro, "uma grande vontade de participação internacional. É um esforço para colocar o Brasil no mundo, mediante a utilização de todos os meios e com o concurso de todos os países que queiram colaborar conosco no equacionamento e solução dos problemas mundiais".[100]

Conclusão

Este livro buscou demonstrar que a campanha do Brasil por um assento permanente no Conselho de Segurança é a manifestação de um ímpeto profundo da política externa brasileira. A partir desse caso específico, esboçou uma hipótese acerca da política externa brasileira. Ela não é formulada apenas no presente e com vistas a atingir objetivos concretos e aparentes: resulta de um processo complexo, em que experiências e visões do mundo e do Brasil são transmitidas de geração a geração de diplomatas, criando continuidade na ação internacional do país.

Essas conclusões foram sustentadas em determinada visão da realidade internacional. Partiu-se do pressuposto de que as relações internacionais – e até mesmo a própria noção do "internacional" – são construídas com base em normas e regras. Como exemplos, citem-se os fatos de Israel ser um Estado, mas o Curdistão, não; de que uma intervenção militar ordenada pelo Conselho de Segurança das Nações Unidas tem legitimidade internacional, enquanto uma ordenada pelo Conselho de Segurança Nacional dos Estados Unidos, não; de que um tratado assinado pelo governo Geisel é vinculante para o governo Lula. Essas fronteiras e certezas são estabelecidas em normas internacionais, algumas tão profundas e arraigadas que os atores as confundem com a natureza essencial da realidade. Além de definirem o que pode e o que não pode, essas normas definem o que é e o que não é: constituem, dessa forma, o sistema, a ordem ou a organização internacional.

Com o passar do tempo, solidificaram-se determinadas instâncias e processos que gozam de maior legitimidade para estabelecer e interpretar as regras internacionais, isto é, gerenciar (ou continuar a construção) da ordem internacional. Este livro buscou esclarecer o processo pelo qual, durante a segunda metade do século XX, o Conselho de Segurança das Nações Unidas adquiriu papel central no gerenciamento do sistema internacional, papel esse que tem sido fortalecido no início do século XXI.

A partir desse cenário, explorou-se o modo pelo qual os formuladores da política externa do Brasil, principalmente a partir da década de 1960, passaram a assumir um interesse mais ativo em participar da organização do sistema internacional. Construiu-se uma percepção de que, se o Brasil se engajasse de forma mais ativa para tentar influenciar no gerenciamento da ordem, poderia tornar o sistema internacional mais favorável à consecução dos objetivos nacionais brasileiros. Alargou-se, dessa forma, a percepção de quais eram os interesses do Brasil: não só imediatos e concretos, passavam a ser vistos como estruturais.

As instituições que envolviam e envolvem a formulação da política externa brasileira acabaram levando essa percepção dos interesses do Brasil a perpetuar-se. O país iniciava, dessa forma, uma campanha permanente para transformar a forma pela qual é gerenciada a ordem internacional, que transcendia a governos e a indivíduos específicos.

No fim da década de 1980, a ordem internacional passou por uma grande transformação. O colapso da União Soviética e o consequente fim do conflito bipolar levaram à abertura de amplos espaços para a reforma e modificação da ordem. O Conselho de Segurança das Nações Unidas, em particular, estava no centro de dois importantes movimentos políticos. Por um lado, ganhava renovado dinamismo e nova importância nos processos de organização internacional. Por outro, esse fortalecimento e a percebida nova fluidez na ordem internacional levavam a um clamor cada vez maior pela sua reforma, por meio da ampliação e da "democratização".

Diante dessas circunstâncias, o pleito brasileiro por um assento permanente no Conselho de Segurança foi uma afluente natural de sua campanha permanente por maior voz na construção da ordem. Assim, a reforma do Conselho não é, para o Brasil, um fim absoluto, e sim um passo no processo mais longo de galgar uma posição que lhe permita influir na organização da política internacional para defender seus interesses.

Entender a campanha pela reforma do Conselho como uma de várias avenidas trilhadas pela política exterior do Brasil rumo a um objetivo maior – a capacidade de influir na ordem – permite enxergar vários outros aspectos da política externa sob nova ótica. Decisões como a participação na missão de paz no Haiti não seriam, nessa visão, subordinadas ao pleito por um assento permanente, mas coordenadas com ele, com vistas a alcançar esse objetivo maior. Outras iniciativas, como a tentativa de se ampliar o G-8 ou de consolidar o G-20, o adensamento das relações Sul-Sul, o maior protagonismo nas negociações comerciais internacionais e até, em parte, os projetos de integração regional, se encaixam na mesma categoria do pleito pelo assento permanente – ainda que nem sempre sejam tão visíveis (ou controversos) quanto ele.

Duas ressalvas importantes devem ser feitas. Em primeiro lugar, a campanha permanente do Brasil não se dirige a uma visão específica da ordem, até mesmo porque os horizontes de possibilidade de transformação da ordem internacional são constantemente cambiantes. O pensamento diplomático brasileiro não define com exatidão uma visão detalhada da ordem ideal. A campanha brasileira visa um papel maior na definição da ordem: o modo como o Brasil exercerá esse papel e as decisões específicas que tomará quando puder efetivamente influir na ordem são e serão frutos da conjuntura internacional e doméstica. Certamente, há algumas grandes linhas defendidas pelo Brasil – todavia, essas não respondem a todos os dilemas específicos encontrados nos processos de gestão da ordem internacional.

A outra ressalva que cumpre notar é que o pensamento diplomático brasileiro não se resume à campanha permanente pela busca de um papel mais importante na ordem internacional. Nele encontram-se, também, outras normas que orientam os formuladores da política externa brasileira no trato das questões internacionais. Mesmo questões menores – como a escolha da língua a ser usada em pronunciamentos em foros internacionais – podem ter suas origens no pensamento diplomático.

Será exitoso o pleito por um assento permanente no Conselho de Segurança? Não é possível responder a essa questão de forma absoluta, até porque os processos de negociação internacional poderão levar a uma reforma que não seja aquela reivindicada publicamente pelo Brasil, mas que atenda em grandes linhas aos seus interesses. Ressalte-se, no entanto, que vários dos supostos obstáculos intransponíveis que impediriam o processo de avançar foram superados com sucesso na ampliação anterior do Conselho de Segurança, como, por exemplo, a própria oposição dos membros permanentes. Deve-se levar em conta, também, que, embora sejam muito ativos os opositores de uma reforma nos moldes pretendidos pelo Brasil, eles são minoria. Em última instância, uma coalizão de rivais regionais dos potenciais membros permanentes (como Argentina, Itália e Paquistão) não será capaz de impedir que a reforma se dê. Mais do que esses rivais ou do que os membros permanentes, a principal dificuldade encontrada até agora na consecução dos planos do G-4 tem sido a posição comum adotada pelo continente africano. Todavia, eventual evolução nessa postura – o que parece provável – poderá levar a novo dinamismo no processo, viabilizando uma reforma que atenda aos interesses fundamentais do Brasil.

Caso esse cenário se concretize e o Brasil passe a ocupar um assento permanente no Conselho de Segurança, será o início de uma nova fase na política externa brasileira? Ainda que o governo que venha a lograr a reforma provavelmente terá interesse em avançar essa visão, a realidade é que a conquista do assento permanente não alterará as diretrizes básicas da política externa brasileira. O Conselho de Segurança, por maior que seja sua influência, é incapaz de reger todo o sistema internacional por atos de vontade. Ademais, ter um assento permanente no Conselho não implica de forma alguma ser capaz de ditar as suas decisões – como têm descoberto todos os atuais membros permanentes ao longo dos últimos

60 anos. Mesmo assegurando um lugar cativo no Conselho, o Brasil prosseguirá na busca por maior voz na ordem internacional, procurando novos foros, palcos e caminhos onde poderá garantir que a organização do sistema não se dê à sua revelia. Até que haja profunda mudança no pensamento diplomático que sustenta a política externa, ou até que a transformação radical no modo pelo qual essa política é formulada diminua a importância desse pensamento, o Brasil prosseguirá em sua campanha, logrando ou não um assento permanente no Conselho de Segurança.

Notas

[1] Ver, por exemplo, SILVA, Alexandra Melo e. Ideias e política externa: a atuação brasileira na Liga das Nações e na ONU. *Revista Brasileira de Política Internacional*, v. 2, n. 41, 1998.

[2] O termo "Organização", com inicial maiúscula, será usado ao longo do texto para referir-se às Nações Unidas. Essa utilização é baseada na própria Carta das Nações Unidas (por exemplo, em seu art. 1º: "A Organização é baseada no princípio da igualdade soberana de todos os seus membros").

[3] Exemplos dessas três óticas seriam: RUGGIE, John Gerard. International regimes, transactions, and change: embedded liberalism in the postwar economic order. In: KRASNER, Stephen D. (Ed.). *International regimes*. Ithaca: Cornell University Press, 1989; MORGENTHAU, Hans J. *Politics among nations*: the struggle for power and peace (Brief Edition). Boston: McGraw-Hill, 1993; e WALLERSTEIN, Immanuel. *The modern world system I*: capitalist agriculture and the origins of the European world-economy in the sixteenth century. New York: Academic, 1974.

[4] KIRGIS, Frederic L. The Security Council's first fifty years. *The American Journal of International Law*, v. 89, n. 3, p. 506, 1995.

[5] KISSINGER, Henry. *A world restored*: Metternich, Castlereagh and the problems of peace. London: Phoenix, 2000.

[6] Ibid., p. 52.

[7] Ibid., p. 63.

[8] BRASIL. *Conselho de Estado, 1842-1889*: consultas da Seção dos Negócios Estrangeiros. Brasília: Câmara dos Deputados/Ministério das Relações Exteriores, 1979. v. 3: Consultas de 1849-1853. p. 273.

[9] SARAIVA, José Flávio Sombra (Org.). *Relações internacionais*: dois séculos de história – entre a ordem bipolar e o policentrismo (de 1947 a nossos dias). Brasília, DF: Ibri, 2001.

[10] MEAD, Walter Russell. *Special providence*: American foreign policy and how it changed the world. New York: Routledge, 2002; e KAGAN, Robert. *Of paradise and power*: America and Europe in the new world order. New York: Alfred A. Knopf, 2003.

[11] Podem-se encontrar outros antecedentes para a ideia de um parlamento ou uma corte internacional, como as conferências de Haia ou os escritos de Kant. Porém, a criação de uma liga de Estados, ao contrário de alguma instituição com pretensões supranacionais, também reflete a desconfiança filadelfiana em estabelecer autoridade suscetível a mau uso ou abuso.

[12] KISSINGER, 2000:63.

[13] Disponível em: <http://www.yale.edu/lawweb/avalon/wwii/atlantic.htm>. Acesso em: 31 maio 2008.

[14] WESTAD, Odd Arne. *The global Cold War*. New York: Cambridge University Press, 2005. p. 4.

[15] Cabe realçar que a expressão "votos afirmativos" tem sido interpretada no sentido de que uma abstenção de um membro permanente não impede a adoção de uma resolução. Tal interpretação foi inicialmente contestada, mas tem-se solidificado com o tempo. Ver BAILEY, Sydney D. New light on abstentions in the UN Security Council. *International Affairs*, v. 50, n. 4, 1974.

[16] SHAW, Malcolm. *International Law*, London: Cambridge University Press, p. 826, 1999.

[17] Ver, por exemplo, KIRGIS, (1995:512); e WEISS, Thomas; FORSYTHE, David; COATE, Roger. *The United Nations and changing world politics*. Boulder: Westview, 1997. p. 46.

[18] WEISS, FORSYTHE e COATE, 1997.

[19] MALONE, David. *The UN Security Council*: from the Cold War to the 21st century. Boulder: Rienner, 2004.

[20] Texto completo disponível em: <http://www.mtholyoke.edu/acad/intrel/adlai.htm>. Acesso em: 31 maio 2008.

[21] "O Conselho de Segurança será organizado de maneira que possa funcionar continuamente. Cada membro do Conselho de Segurança estará, para tal fim, em todos os momentos, representado na sede da Organização."

[22] O uso do termo "periferia" aqui tem suas origens nas análises das relações internacionais de cunho marxiano, que distinguem entre o "centro" e "periferia" do sistema internacional, entendido este como sistema econômico fundamentalmente integrado. É importante salientar, todavia, que a ideia de periferia aqui é inteiramente política, desprovida de clara relação com a geografia, de modo que o conflito no Chipre, no meio da Europa, foi "periférico" por não envolver diretamente interesses estratégicos das superpotências, ao passo que a Guerra do Vietnã, nos rincões da Ásia, foi um conflito absolutamente central para os Estados Unidos.

[23] BUSH, George H. W. *Address to the nation on invasion of Iraq*. Disponível em: <http://www.americanrhetoric.com/speeches/ghwbushiraqinvasion.htm>. Acesso em: 2 jul. 2007.

[24] Ver Resoluções nº 1.267 (1999), nº 1.333 (2000) e nº 1.363 (2001).

[25] Processo verbal do Conselho de Segurança das Nações Unidas, Documento S/PV. 4950, p. 4.

[26] WOODWARD, Bob. *Plan of attack*. New York: Simon & Schuster, 2004. p. 368.

[27] PATRIOTA, Antônio de Aguiar. *O Conselho de Segurança após a guerra do Golfo*: a articulação de um novo paradigma de segurança coletiva. Brasília, DF: Funag, 1998. p. 23.

[28] Disponível em:<http://www.un.org/Depts/dpa/repertoire/>. Acesso em: 24 maio 2008.

[29] Esse ponto foi demonstrado de forma contundente na opinião consultiva da Corte Internacional de Justiça no caso *Legal consequences for States of the continued presence of South Africa in Namibia (South West Africa) notwithstanding Security Council 276 (1970)*. Disponível em: <http://www.icj-cij.org/docket/index.php?p1=3&p2=4&code=nam&case=53&k=a7>. Acesso em: 24 maio 2008.

[30] ARAÚJO CASTRO, João Augusto de. [1963]. Discurso no Debate Geral da 54ª Sessão da Assembleia Geral das Nações Unidas. In: CORRÊA, Luiz Felipe de Seixas (Org.). *O Brasil nas Nações Unidas*: 1946-2006. Brasília, DF: Funag, 2007. p. 172.

[31] SCHWELB, Egon. Amendments to articles 23, 27 and 61 of the Charter of the United Nations. *The American Journal of International Law*, v. 59, n. 4, p. 838, 1965.

[32] Ibid., p. 841.

[33] Ibid.

[34] LUCK, Edward C. Reforming the United Nations: lessons from a history in progress. *International Relations Studies and the United Nations Occasional Papers*, n. 1, p. 8, 2003. Disponível em: <http://www.reformwatch.net/fitxers/58.pdf>. Acesso em: 7 maio 2008.

[35] Ver MEISLER, Stanley. *United Nations*: the first fifty years. New York: Atlantic Monthly, 1997.

[36] Projeto de resolução da Assembleia Geral sobre o item "Restoration of the Lawful Rights of the People's Republic of China in the United Nations", Documento A/L. 630.

[37] Declaração de Alma-Ata, 1991. Disponível em: <http://query.nytimes.com/gst/fullpage.html?res=9D0CE4DD143EF930A15751C1A967958260&sec=&spon=&pagewanted=all>. Acesso em: 31 maio 2008.

[38] Apud BLUM, Yehuda Z. Russia takes over the Soviet's seat at the United Nations. *European Journal of International Law*, v. 3, n. 2, p. 356, 1992. Disponível em: <http://www.ejil.org/journal/Vol3/No2/art8.pdf>. Acesso em: 12 maio 2008.

[39] BLAVOWKOS, Spyros; BOURANTONIS, Dimitris. *The chair in the UN context*: assessing functions and performance. Netherlands Institute of International Relations, 2005. p. 8. Disponível em: <http://www.clingendael.nl/publications/2005/20051100_cli_paper_dip_issue101.pdf>. Acesso em: 12 maio 2008.

[40] WEISS, Thomas. The illusion of UN Security Council reform. *The Washington Quarterly*, v. 26, n. 4, p. 150, 2003. Disponível em: <http://www.twq.com/03autumn/docs/03autumn_weiss.pdf>. Acesso em: 8 maio 2008. Informações disponíveis em: <http://www.globalpolicy.org/security/membship/veto/vetosubj.htm>. Acesso em: 28 maio 2008.

[41] A questão da transparência dos trabalhos dos Comitês de Sanções foi tratada nos documentos S/1995/234, S/1995/438 e S/1996/54, ao passo que a declaração do presidente do Conselho de Segurança (S/PRST/1994/22) fez referência à necessidade de melhor comunicação com os países contribuintes de tropas. Sobre as reuniões abertas, ver informações disponíveis em: <http://www.globalpolicy.org/security/mtgsetc/arria.htm>. Acesso em: 28 maio 2010. A nota do presidente do Conselho S/1999/165 reiterou a necessidade de que todos os membros do Conselho pudessem participar da elaboração de seus documentos.

[42] LUCK, 2003.

[43] Ver o Anexo II do Relatório de 1997 do Grupo de Trabalho Aberto sobre a Reforma do Conselho de Segurança, Documento A/51/47.

[44] UNITED NATIONS. *A more secure world*: our shared responsibility. Report of the Secretary General's High Level Panel on Threats, Challenges and Change. New York: United Nations, 2004. p. 119.

[45] KASPERSEN Anja T.; LEIRA, Halvard. *A fork in the road or a roundabout?* – a narrative of the UN Reform process 2003-05. UN programme, Nupi, 2007. p. 17-18. Disponível em: <http://www.globalpolicy.org/msummit/millenni/2007/0615forkroundabout.pdf>. Acesso em: 28 maio 2008.

[46] MINISTÉRIO DAS RELAÇÕES EXTERIORES. *O G-4 e as Nações Unidas*: textos, comunicados e documentos. Brasília, DF: Fundação Alexandre de Gusmão, 2007a. p. 21-22.

[47] OKUMU, Wafula. *Africa and the UN Security Council permanent seats*. Pambazuka, 2005. Disponível em: <http://www.globalpolicy.org/security/reform/cluster1/2005/0428afriseats.htm>.

[48] Foram esses países que copatrocinaram o projeto de resolução do Unidos pelo Consenso em 2005 (Documento A/59/L.68).

[49] KASPERSEN e LEIRA, 2007:18.

[50] Disponível em: <http://www.responsibilitytoprotect.org/index.php?module=uploads&func=download&fileId=8>. Acesso em: 28 maio 2008.

[51] No âmbito das Nações Unidas, o grupo regional Western European and Others Group contempla 29 Estados, principalmente da Europa ocidental, mas incluindo, também, países de outras regiões politicamente afinados com a Europa, como a Austrália e o Canadá.

[52] Para o número de membros que apoiavam o modelo A, ver TRAUB, James. *The best intentions*: Kofi Annan in the UN in the era of American world power. New York: Farrar, Straus and Giroux, 2006. p. 314.

[53] Ibid., p. 368.

[54] KASPERSEN e LEIRA, 2007:32.

[55] BOLTON, John. *Surrender is not an option*: defending the America at the United Nations and abroad. New York: Threshold, 2007. p. 213-215.

[56] TRAUB, 2006:371-372.

[57] *World Summit Outcome*, Documento A/60/1. Disponível em: <http://www.un.org/summit2005/documents.html>. Acesso em: 28 maio 2008.

[58] Os documentos americanos referentes à negociação infrutífera foram traduzidos e publicados no Brasil pela *Revista Brasileira de Política Internacional*, n. 49/50, 1970 (ver Oliveira Filho). As versões originais estão disponíveis em: <http://digicoll.library.wisc.edu/FRUS/>. Acesso em: 31 maio 2008.

[59] Processo verbal do Conselho de Segurança das Nações Unidas, Documento S/PV. 1462, p. 3.

[60] GUERREIRO, Ramiro Saraiva. *Lembranças de um empregado do Itamaraty*. São Paulo: Siciliano, 1992. p. 44-45.

[61] Ver MEAD, 2002; CARR, Edward H. *The twenty years' crisis, 1919-1939*. New York: Harper & Row, 1964; e KAGAN, Robert. *Dangerous nation*: America's place in the world from its earliest days to the dawn of the 20th century. New York: Alfred A. Knopf, 2006.

[62] SARNEY, José [1989]. Discurso no Debate Geral da 44ª Sessão da Assembleia Geral das Nações Unidas. In: CORRÊA, 2007:505-516.

[63] FONSECA JR., Gelson. *A legitimidade e outras questões internacionais*: poder e ética entre as nações. São Paulo: Paz e Terra, 1998. p. 6-7.

[64] MINISTÉRIO DAS RELAÇÕES EXTERIORES. *Política externa brasileira*. Brasília, DF: Fundação Alexandre de Gusmão, 2007b. v. 2: Discursos, artigos e entrevistas do ministro Celso Amorim (2003-06). p. 292.

[65] AMORIM, Celso [1993]. Discurso no Debate Geral da 48ª Sessão da Assembleia Geral das Nações Unidas. In: CORRÊA, 2007:569-578.

[66] AMORIM, Celso [1995]. Discurso no Debate Geral da 60ª Sessão da Assembleia Geral das Nações Unidas. In: CORRÊA, 2007:753.

[67] MINISTÉRIO DAS RELAÇÕES EXTERIORES, 2007b. p. 328.

[68] LAMPREIA, Luiz Felipe. [1997]. Discurso no Debate Geral da 52ª Sessão da Assembleia Geral das Nações Unidas. In: CORRÊA, 2007:632.

[69] Carta do representante permanente da Finlândia junto às Nações Unidas ao presidente do Conselho de Segurança, Documento S/2004/135.

[70] AMORIM, Celso. *Entre o desequilíbrio unipolar e a multipolaridade*: o Conselho de Segurança da ONU no período pós-Guerra Fria. Conferência proferida no IEA em 11 de setembro de 1998. p. 6. Disponível em: <www.iea.usp.br/artigos>. Acesso em: 24 maio 2008.

[71] TAHIR-KHELI, Shirin. Senior Advisor to the Secretary of State for UN Reform, on UN Reform, in the General Assembly, July 12, 2005.

[72] BATISTA, Paulo Nogueira. Presidindo o Conselho de Segurança da ONU. *Política Externa*, v. 1, n. 3, p. 98-99, 1992/93.

[73] AMORIM, Celso. [1993]. Discurso no Debate Geral da 48ª Sessão da Assembleia Geral das Nações Unidas. In: CORRÊA, 2007:574.

[74] LAMPREIA, Luiz Felipe. [1995]. Discurso no Debate Geral da 50ª Sessão da Assembleia Geral das Nações Unidas. In: CORRÊA, 2007:603.

[75] AMORIM, Celso. A reforma da ONU. Conferência proferida no IEA em 2 de abril de 1998. p. 7. Disponível em: <www.iea.usp.br/artigos>. Acesso em: 24 maio 2008.

[76] LAFER, Celso. [2002]. Discurso no Debate Geral da 57ª Sessão da Assembleia Geral das Nações Unidas. In: CORRÊA, 2007:697.

[77] LULA DA SILVA, Luiz Inácio. [2003]. Discurso no Debate Geral da 58ª Sessão da Assembleia Geral das Nações Unidas. In: CORRÊA, 2007:705.

[78] LIMA, Maria Regina Soares de. Decisões e indecisões: um balanço da política externa no primeiro governo do presidente Lula. Disponível em: <observatorio.iuperj.br/pdfs/78_artigos_Decisoes-e-indecisoes.pdf>. Acesso em: 25 set. 2009.

[79] ALMEIDA, Paulo Roberto de. *Relações internacionais e política externa do Brasil*. Porto Alegre: UFRGS, 2004. p. 255-308.

[80] GUIMARÃES, Samuel Pinheiro. Desafios brasileiros na era dos gigantes. Rio de Janeiro: Contraponto, 2005. p. 328-329.

[81] CARDOSO, Fernando Henrique. [2001]. Discurso no Debate Geral da 56ª Sessão da Assembleia Geral das Nações Unidas. In: CORRÊA, 2007:683.

[82] AMORIM, Celso. O Brasil e o Conselho de Segurança das Nações Unidas. *Política Externa*, v. 3, n. 4, p. 11-12, 1995.

[83] Ibid., p. 7.

[84] Importa perceber que o argumento trazido à tona por Amorim diz respeito não apenas à visão do Brasil sobre a natureza de um sistema internacional "ideal" (regido pelo direito, e não pela força), mas também à própria possibilidade de se construir esse tipo de sistema. A "política de poder" seria, nessa visão, não um dado da realidade, mas uma construção social – que poderia, eventualmente, ser substituída por outra. Postulando que as relações de força não sejam essenciais ao sistema, mas contingentes, abre-se o caminho para outra visão de fortalecimento do Estado nacional, desvinculada do poderio militar – a constituição de uma "potência civil", por assim dizer.

[85] CHEIBUB, Zairo B. [1985]. Diplomacia e construção institucional: o Itamaraty em uma perspectiva histórica. *Dados*, v. 28, n. 1, p. 113-131, 1985.

[86] CORRÊA, 2007:603.

[87] MINISTÉRIO DAS RELAÇÕES EXTERIORES. *Repertório de política externa*: posição do Brasil. Brasília, DF: Fundação Alexandre de Gusmão, 2007c. p. 196. Grifos meus.

[88] AMORIM, Celso. O Brasil e o Conselho de Segurança das Nações Unidas. *Política Externa*, v. 3, n. 4, p. 7, 1995. Grifos meus.

[89] LAFER, Celso. *A identidade internacional do Brasil e a política externa brasileira*: passado, presente e futuro. São Paulo: Perspectiva, 2007.

[90] MINISTÉRIO DAS RELAÇÕES EXTERIORES, 2007c.

[91] LAMPREIA, Luiz Felipe. [1997]. Discurso no Debate Geral da 52ª Sessão da Assembleia Geral das Nações Unidas. In: CORRÊA, 2007:625-634.

[92] LULA DA SILVA, Luiz Inácio. [2003]. Discurso no Debate Geral da 58ª Sessão da Assembleia Geral das Nações Unidas. In: CORRÊA, 2007:705.

[93] GUIMARÃES, 2005:429.

[94] Esses números são de 31 de dezembro de 2009 e incluem observadores militares e policiais. Disponível em: <http://www.un.org/en/peacekeeping/contributors/2009/Dec09_2.pdf>.

[95] Ver BURNS, E. Bradford. *A aliança não escrita*: o barão do Rio Branco e as relações do Brasil com os Estados Unidos. Rio de Janeiro: EMC, 2003.

[96] GARCIA, Eugênio Vargas. *O Brasil e a Liga das Nações*. Porto Alegre: UFRGS; Brasília, DF: Funag, 1997. p. 34-35.

[97] Ibid., p. 31-37.

[98] Ibid., p. 138-139.

[99] AMADO, Rodrigo (Org.). *Araújo Castro*. Brasília, DF: UnB, 1982. p. 212.

[100] Ibid.

Livros publicados pela Coleção FGV de Bolso

(01) *A história na América Latina – ensaio de crítica historiográfica* (2009)
de Jurandir Malerba. 146p.
Série 'História'

(02) *Os Brics e a ordem global* (2009)
de Andrew Hurrell, Neil MacFarlane, Rosemary Foot e Amrita Narlikar. 168p.
Série 'Entenda o Mundo'

(03) *Brasil-Estados Unidos: desencontros e afinidades* (2009)
de Monica Hirst, com ensaio analítico de Andrew Hurrell. 244p.
Série 'Entenda o Mundo'

(04) *Gringo na laje – produção, circulação e consumo da favela turística* (2009)
de Bianca Freire-Medeiros. 164p.
Série 'Turismo'

(05) *Pensando com a sociologia* (2009)
de João Marcelo Ehlert Maia e Luiz Fernando Almeida Pereira. 132p.
Série 'Sociedade & Cultura'

(06) *Políticas culturais no Brasil: dos anos 1930 ao século XXI* (2009)
de Lia Calabre. 144p.
Série 'Sociedade & Cultura'

(07) *Política externa e poder militar no Brasil: universos paralelos* (2009)
de João Paulo Soares Alsina Júnior. 160p.
Série 'Entenda o Mundo'

(08) *A Mundialização* (2009)
de Jean-Pierre Paulet. 164p.
Série 'Sociedade & Economia'

(09) *Geopolítica da África* (2009)
de Philippe Hugon. 172p.
Série 'Entenda o Mundo'

(10) *Pequena introdução à filosofia* (2009)
de Françoise Raffin. 208p.
Série 'Filosofia'

(11) *Indústria cultural – uma introdução* (2010)
de Rodrigo Duarte. 132p.
Série 'Filosofia'

(12) *Antropologia das emoções* (2010)
de Claudia Barcellos Rezende e Maria Claudia Coelho. 136p.
Série 'Sociedade & Cultura'

(13) *O desafio historiográfico* (2010)
de José Carlos Reis. 160p.
Série 'História'

(14) *O que a China quer?* (2010)
de G. John Ikenberry, Jeffrey W. Legro, Rosemary Foot e Shaun Breslin. 132p.
Série 'Entenda o Mundo'

(15) *Os índios na história do Brasil* (2010)
de Maria Regina Celestino de Almeida. 164p.
Série 'História'

(16) *O que é o Ministério Público?* (2010)
de Alzira Alves de Abreu. 124p.
Série 'Sociedade & Cultura'

(17) *Campanha permanente: o Brasil e a reforma do Conselho de Segurança das Nações Unidas* (2010)
de João Augusto Costa Vargas. 132p.
Série 'Sociedade & Cultura'